Mind fulness
para depressão

Sophie A. Lazarus

Mindfulness
para depressão

Tradução
Marcia Blasques

Copyright © 2020, Rockridge Press, Emeryville, Califórnia
Tradução para Língua Portuguesa © 2021, Marcia Blasques
Todos os direitos reservados à Astral Cultural e protegidos pela
Lei 9.610, de 19.2.1998.
É proibida a reprodução total ou parcial sem a expressa anuência
da editora.

Editora Natália Ortega;
Produção editorial Jaqueline Lopes, Renan Oliveira e Tâmizi Ribeiro
Revisão Pedro Siqueira
Capa Nine Editorial
Foto da autora Cortesia de Meghan Breedlove

Dados Internacionais de Catalogação na Publicação (CIP)
Angélica Ilacqua CRB-8/7057

L466m

Lazarus, Sophie A.
    Mindfulness para depressão : 100 meditações
para praticar a atenção plena, controlar a ansiedade
e trazer bem-estar / Sophie A. Lazarus ; tradução de Marcia
Blasques. -- Bauru, SP : Astral Cultural, 2022.
    208 p.

ISBN 978-65-5566-211-5

1. Meditação - Uso terapêutico 2. Autoajuda I. Título II. Blasques, Marcia

21-5351

CDD 158

Índice para catálogo sistemático:
1. Meditação - Uso terapêutico

 ASTRAL CULTURAL EDITORA LTDA.

BAURU
Av. Duque de Caxias, 11-70
8º andar
Vila Altinópolis
CEP 17012-151
Telefone: (14) 3235-3878

SÃO PAULO
Rua Major Quedinho, 111 - Cj. 1910
19º andar
Centro Histórico
CEP 01050-904
Telefone: (11) 3048-2900

E-mail: contato@astralcultural.com.br

Para todos os adeptos desta prática.

Sumário

Introdução	9
Como usar este livro	12
Capítulo 1 — Atenção plena para depressão	15
Capítulo 2 — A mente de principiante	27
Capítulo 3 — O não julgamento	47
Capítulo 4 — A aceitação	71
Capítulo 5 — A paciência	95
Capítulo 6 — A confiança	115
Capítulo 7 — O não esforço	139
Capítulo 8 — O deixar ir	165
Capítulo 9 — Autocompaixão contínua	189
Recursos	194
Referências bibliográficas	196
Índice remissivo	201

Quando a inspiração desaparece, quando nos sentimos prestes a desistir, é nesse momento que a cura pode ser encontrada na ternura da própria dor.

Pema Chödrön, professora e escritora budista

Introdução

O caminho para a atenção plena, ou mindfulness, em geral começa com a vivência de um grande sofrimento. Para mim, foi uma longa e dolorosa história de convulsão familiar devido à perda e ao vício. Parecia que, quanto mais eu tentava consertar as coisas, mais frustrada e desesperada me sentia. Depois de muitos anos lutando para me manter à tona em meio a ondas implacáveis de conflito e dor, fui apresentada ao mindfulness. Mas acredito que a semente da atenção plena já estava presente em mim muito antes que eu começasse a nutri-la com a prática regular.

Os princípios da atenção plena ressoavam em mim, embora eu tenha tido dificuldade para aceitá-los. A dor é inevitável. Nosso apego à ideia de que as coisas precisam ser de determinado modo é um caminho que cria ainda mais sofrimento. Para mim, a atenção plena confirmou a possibilidade de que, com a prática, podemos ver além dos nossos apegos — além da vontade de controlar o incontrolável. Com o mindfulness, podemos começar a nos curar ao nos tornarmos mais cientes dos hábitos profundamente entranhados em nós que aumentam nossa angústia. Podemos aprender a lidar conscientemente com as dificuldades, com mais gentileza e compaixão.

Isso me lembra de certa vez que fui à praia com meu irmão mais velho, quando eu era criança. Com medo de me machucar nas ondas, hesitei em ir mais fundo na água. Em vez disso, acabei parada bem onde as ondas quebravam, lutando contra elas e sendo derrubada de tempos em tempos. Por fim, meu irmão me convenceu a fechar os olhos e mergulhar por baixo de uma onda grande. E foi isso. Um gosto da liberdade. Eu podia não controlar as forças poderosas do oceano, mas podia decidir como reagir a elas. Por meio da prática, aprendi que permitir que a água passasse por cima de mim era muito melhor do que levar uma surra na parte mais rasa.

Conforme minha prática pessoal de mindfulness aumentava, também aumentavam as evidências dos benefícios da atenção plena para a saúde física e mental. Em 2014, meu treinamento em psicologia clínica me levou até o Duke University Medical Center, onde tive a oportunidade de coliderar um grupo de terapia cognitiva embasada em mindfulness (MBCT, sigla em inglês para *mindfulness-based cognitive therapy*). A MBCT se concentra no desenvolvimento da atenção plena para lidar com padrões depressivos de pensamento negativo e prevenir futuras recaídas depressivas. Eu sabia que pesquisas sérias eram a base desse tratamento, e testemunhei em primeira mão como a prática era transformadora para indivíduos que sofriam de depressão grave e de longa data.

Aquela experiência foi o ímpeto para uma mudança na minha carreira. Redirecionei minha pesquisa e meus esforços clínicos para descobrir os benefícios da prática da atenção plena. Desenvolvi um programa de MBCT para ajudar as pessoas a encontrarem seu caminho mediante experiências dolorosas, encorajando-as a florescer por meio de uma consciência maior. Também trabalhei com mentores na Universidade da

Califórnia, em San Diego, me tornei certificada para ensinar MBCT e aprendi mais sobre como a mudança da relação de alguém com as dificuldades é capaz de gerar liberdade e poder de escolha.

Aprendo constantemente com meus pacientes sobre a depressão e sobre como superar sua insidiosa atração por meio da prática, da franqueza e da coragem. Com eles, percebi que a atenção plena não se trata somente de evitar a depressão; trata-se de acessar a realidade doce e surpreendente do momento presente. Quando usamos a prática do mindfulness como ferramenta para gerenciar o julgamento, vemos que todas as nossas experiências podem ser ricas e valiosas. Hoje, amanhã e em cada uma das nossas experiências, tanto as agradáveis quanto as dolorosas, temos a capacidade de lidar com sabedoria com o que quer que apareça em nosso caminho.

Como usar
este livro

Este livro pretende ajudá-lo no desenvolvimento da prática de mindfulness. A ideia é que, por meio da atenção plena, alguns padrões de pensamento e comportamento que alimentam a depressão fiquem evidentes. Com o tempo, você vai experimentar novas formas de responder a esses pensamentos, usando a consciência para gerenciar — ou entender melhor — seus estados de espírito, sua ansiedade e seu bem-estar.

Cada capítulo pretende ajudá-lo a lidar com os padrões desafiadores existentes na depressão. As meditações têm dificuldade progressiva, das fundamentais àquelas que tratam de emoções perturbadoras. Recomendo que leia cada capítulo do início ao fim, mas não é necessário que os leia na ordem. É melhor concentrar-se no trecho que parecer mais adequado às suas necessidades em determinado momento. Você pode fazer uma meditação por dia. Se estiver com dificuldade, tente qualquer uma das minimeditações que aparecem ao longo do livro. Todas as meditações que você encontra aqui estimulam o amor-próprio e a autocompaixão, essenciais para cuidar de si mesmo à medida que explora a vivência de experiências difíceis.

Meditação é uma prática desafiadora. Quando a depressão é severa, é natural ter dificuldade de concentração, e os pensamentos negativos podem parecer particularmente intensos. Nesses momentos, seja ainda mais gentil consigo mesmo.

Embora a atenção plena e a meditação costumem ajudar a maioria das pessoas, elas podem não ser adequadas para todo mundo. Cuide de seus limites, atendendo à sua janela de tolerância. Pense nessa janela como a zona na qual você é capaz de explorar suas experiências em segurança, mesmo que seja difícil. Nessa zona, você pode aprender. Fora dela, as emoções podem ser tão intensas que você deixa de ser receptivo a novas informações. Se notar que está saindo da sua zona, recue e faça algo para cuidar de si. Você pode abrir os olhos, respirar algumas vezes ou parar para tomar uma xícara de chá. Embora parte da prática da atenção plena seja aprender a se relacionar com as dificuldades de um jeito novo, também é importante saber o momento de fazer modificações na sua prática de mindfulness para honrar seus limites.

Quando começar sua prática, lembre-se de que as instruções de cada meditação são um convite e não uma ordem. Se qualquer parte da prática for intensa demais, você sempre pode voltar a respirar ou a sentir os pés no chão para focar novamente sua atenção. Não importa como adapte sua prática, você está aprendendo algo valioso sobre si mesmo e sobre como administrar seus pensamentos e suas emoções.

Este livro não substitui a busca de tratamentos para depressão. Se os sintomas começarem a causar problemas sérios ou a afetar a capacidade de lidar com sua vida pessoal ou profissional, é preciso procurar a ajuda de um profissional de saúde mental. Você pode encontrar informações e locais de atendimento no site mapasaudemental.com.br.

Dor no coração e dor na mente são grandes mestres,
elas nos mostram os caminhos para a ação compassiva.
Essa é a vida do guerreiro espiritual.

Tias Little, escritor e instrutor de ioga

1

Atenção plena para depressão

Se escolheu este livro porque luta contra a depressão, você não está sozinho. Segundo o Centro de Prevenção e Controle de Doenças dos Estados Unidos, a depressão é um dos transtornos mentais mais comuns. Oito por cento dos adultos norte-americanos lidam com ela. Quer você tenha ou não vivenciado um episódio depressivo grave, a depressão é uma experiência humana que toca a todos nós.

Padrões da depressão

Todos vivenciamos a perda, a rejeição, a solidão e a decepção. Às vezes, essas emoções passam rapidamente pela nossa vida. Em outros momentos, elas permanecem e se agravam, causando diversos problemas, desde perda de sono, de apetite, de energia e de concentração, a sentimentos de desesperança e culpa e ideias suicidas.

Quando esses problemas passam a interferir diretamente na sua capacidade de cuidar de si mesmo, de trabalhar e de se relacionar com outras pessoas, eles podem chegar ao nível da depressão clínica. Assim como outros transtornos comuns da sociedade atual, a depressão tem um conjunto universal de sintomas e diversos tratamentos embasados em evidências.

Embora seja importante reconhecer que a depressão é uma doença comum, com um conjunto conhecido de sintomas, também é verdade que parte da natureza insidiosa da depressão deve-se a ela parecer uma experiência profundamente pessoal e isoladora.

Assim que a depressão se estabelece, seus sintomas, tais como fadiga, falta de motivação e dificuldade em tomar decisões, são considerados com bastante frequência como falhas de caráter, em vez de indicadores de que alguém precisa de ajuda. Apesar de existir tratamentos efetivos para a depressão, trinta e cinco por cento dos adultos que vivenciaram um episódio depressivo grave em 2019 não procuraram qualquer tipo de tratamento. Imagine se essa estatística fosse verdade para outro problema de saúde sério, como doenças cardíacas ou asma.

Neste livro, abordaremos os padrões que dificultam o ato de cuidar de nós mesmos.

A sombra dos nossos pensamentos

Nossos pensamentos e nossas crenças acerca de uma situação exercem um efeito poderoso sobre nós. Um comentário interno repleto de julgamentos, comparações e avaliações em geral nos deixa desanimados e desmotivados. Se não forem controlados, os pensamentos e as crenças negativas podem nos deixar vulneráveis a estados depressivos que podem piorar.

O escritor e professor de meditação Ram Dass descreve os pensamentos negativos assim: "Estamos sentados sob a árvore da nossa mente pensante, nos perguntando por que não estamos recebendo nenhum sol!". Por meio da meditação, ganhamos consciência da nossa árvore — dos nossos pensamentos e das nossas emoções, e dos impulsos que vêm com eles — e podemos escolher como queremos responder. Nós nos abrimos à possibilidade de sair ao sol.

Libertar-se das emoções

Como seres humanos, temos a tendência de lidar com sentimentos negativos de duas maneiras. Podemos simplesmente ignorar o problema e tentar suprimir os sentimentos. Ou podemos ficar presos tentando encontrar uma maneira de resolver o problema, perguntando a nós mesmos: "O que tem de errado comigo para que eu me sinta tão infeliz o tempo todo?".

Padrões de anulação e de supressão emocional em geral levam a comportamentos que acabam exacerbando ainda mais nosso estado de espírito. Da mesma forma, ruminar nossos sentimentos é um impulso compreensível, mas raramente leva a alguma solução brilhante. Em vez disso, cria uma espiral prejudicial que nos imobiliza — mental e fisicamente. À medida que nosso pensamento ocupa toda a atenção, às custas da própria experiência, os problemas parecem cada vez mais intransponíveis, e ficamos presos. Ficamos tão preocupados com a necessidade de sentir algo diferente que somos incapazes de realizar ações que podem nos ajudar.

Por meio da atenção plena, podemos conseguir um senso de curiosidade para descobrir a rotina mental que nos mantêm presos. A consciência é um passo importante para escolher um caminho diferente.

A armadilha de se esquivar

Grandes mudanças na vida, em especial eventos traumáticos, podem nos afastar de fontes de emoções e reforços positivos. Quando estamos esgotados, nosso jeito típico de lidar com o estresse e com as emoções negativas tendem a falhar. Em tais momentos, tentamos nos esquivar, como forma de lidar com essas questões.

Esquivar-se pode assumir formas diferentes para pessoas distintas — dormir demais, consumir bebidas alcoólicas, comprar em excesso ou ficar brincando no celular por horas. Não importa como esses padrões de se esquivar do problema se apresentem, eles são difíceis de recuperar. Embora recorrer a eles possa ajudar por algum tempo, esses comportamentos também tendem a nos levar para mais longe do que verdadeiramente queremos.

Mesmo estratégias aparentemente úteis podem se tornar contraproducentes quando de fato queremos evitar emoções difíceis. Por exemplo, dedicar um tempo extra para ter certeza de que tudo está "perfeito" pode parecer uma coisa boa, até que você para de fazer as coisas das quais gosta e coloca a perfeição absoluta como prioridade. Com o tempo, a estratégia que antes funcionava sai pela culatra e nos leva à exaustão e ao isolamento.

Com a atenção plena, podemos nos tornar mais cientes dos relacionamentos críticos entre nosso estado de espírito e nosso comportamento, e podemos usar essa informação para fazer mudanças a fim de cuidarmos melhor de nós mesmos.

O que é atenção plena?

Todos nós temos momentos no piloto automático. São aqueles em que nossa atenção é sequestrada pelos nossos próprios pensamentos. Você já chegou em casa, vindo do trabalho ou da escola, sem se lembrar de como chegou? Ou terminou a refeição diante do computador ou da TV sem ter saboreado a comida?

Quando a mente está realizando uma tarefa e o corpo está executando outra, de forma geral, sentimos como se estivéssemos apenas seguindo o fluxo. Estamos literalmente perdidos em pensamentos, antecipando o futuro ou revisando o passado. Esse estado pode estragar nosso humor. Você já antecipou um resultado futuro positivo? Ou está preocupado com se machucar ou fracassar de algum modo? É raro repetirmos um grande sucesso.

A atenção plena é o processo de recuperar o assento do motorista da nossa consciência. Trata-se de voltar a focar no momento presente, praticando a visualização da sua experiência de modo mais claro, e fazê-lo com gentileza e compaixão. O cientista, escritor e instrutor de meditação Jon Kabat-Zinn define a atenção plena como "prestar atenção de um jeito especial: com propósito, no momento presente, e sem julgamentos".

Você pode estar atento a tudo o que está acontecendo no momento presente — sensações, pensamentos que lhe perpassam a mente, sons, imagens, emoções e aromas. Fundamentalmente, a atenção plena não se trata de relaxar, limpar a mente ou mesmo mudar alguma coisa. A técnica nos ensina a despertar para o momento presente. Essa consciência não só nos permite realmente habitar nossa vida, mas também introduz a possibilidade de responder com sabedoria às dificuldades, em vez de reagir do mesmo jeito de sempre. Como um paciente me descreveu, "essa prática me ajuda a viver a vida e a não deixar meus pensamentos negativos me controlarem".

Felizmente, pesquisas mostram que a atenção plena é uma habilidade que pode ser cultivada por meio de treinamento. A prática diária do método pode aumentar o bem-estar, a saúde mental e a saúde física, além de favorecer os relacionamentos interpessoais. Mais importante ainda, as intervenções baseadas na atenção plena mostraram ser capazes de ajudar a reduzir tanto os sintomas de depressão como o risco de recaída em alguém que está bem.

Também descobrimos que até mesmo períodos breves de atenção plena guiada, em especial quando praticados com regularidade, podem trazer inúmeros benefícios para o estado de espírito e para a saúde mental. Em outras palavras, não há necessidade de ficar sentado por horas ou se tornar um especialista em meditação para aproveitar os benefícios da prática da atenção plena. Tudo o que você precisa fazer é começar o treinamento hoje mesmo.

Os sete princípios da atenção plena

Sabemos que o mindfulness envolve prestar atenção, mas isso é só uma parte do contexto geral. O modo como focamos e as atitudes que tomamos em relação a essa atenção também influenciam a experiência. Imagine que, quando se senta para praticar, você está regando a semente da atenção plena, da concentração. Sua atitude é o sol, um ingrediente-chave para fazer a semente crescer.

Os princípios a seguir são descritos como os pilares ou as fundações da atenção plena. Ao se concentrar em cultivar esses princípios, você cria condições para a consciência e a compaixão florescerem. Como você verá, este livro é estruturado a partir desses princípios, porque eles podem neutralizar diretamente os padrões de pensamentos negativos, autocríticos e sem esperança que alimentam a depressão.

A mente de principiante é a intenção de enxergar cada experiência com um olhar novo. Em vez de deixar que nossas ideias e expectativas definam a forma como vemos as coisas, a mente de principiante deixa que a curiosidade nos ajude a ver a realidade em cada momento.

O não julgamento é a intenção de estarmos mais atentos aos julgamentos que surgem e não julgarmos a nós mesmos só por julgar. Mesmo que seja completamente normal e, às vezes, mais rápido julgar algo como bom ou mal, justo ou injusto, em geral essas ideias se tornam filtros pelos quais vemos o mundo. Elas aumentam a reatividade e a ruminação. Praticar o não julgamento permite uma maior clareza e mais sabedoria.

A aceitação é a intenção de colocar um tapete de boas-vindas para o que vier, independentemente de gostarmos ou não. A aceitação não significa que temos de desistir ou nos resignar ao que acontece, mas que escolhemos de maneira ativa reconhecer o que é — e usar isso como o ponto inicial para uma ação sensata.

A paciência é a intenção de habitar o momento presente e permitir que tudo se desenrole ao seu tempo. A verdade é que algumas coisas não podem ser apressadas. Sair correndo e perder o momento, em geral, não nos traz tantos benefícios quanto prevemos.

A confiança é a intenção de honrar sua experiência e sua bondade inerente. Em vez de olhar para fora de si em busca de saber como deveria se sentir, a confiança permite olhar para o seu interior e entender como você se sente de verdade. Confiar é ser você mesmo, entender a si mesmo e se honrar.

O não esforço é a intenção de mudar do fazer para o ser. Estamos sempre tentando chegar a algum lugar e realizar alguma coisa, e essa atitude em geral causa tensão e estresse. O não esforço permite que sejamos nós mesmos, porque, independentemente de o aceitarmos ou não, nós já somos.

O deixar ir é a intenção de perceber como segurar algo com muita força nos mantém presos. De maneira geral, a mente se apega a experiências que consideramos desejáveis e rejeita experiências que consideramos indesejáveis. Como muito da vida está fora do nosso controle, esse tipo de pensamento pode ser uma armadilha. Deixar ir é reconhecer como as coisas são, incluindo nosso desejo de que sejam diferentes, sem ficarmos completamente envolvidos.

A verdade é que é difícil prestar atenção quando as coisas são desagradáveis. A tendência natural é nos fecharmos e evitar ou suprimir experiências que são dolorosas de confrontar. Os pilares da atenção plena nos proporcionam um meio seguro de prestar atenção aos pensamentos, sentimentos e sensações mais dolorosos.

O que é terapia cognitiva embasada em mindfulness?

A terapia cognitiva embasada em mindfulness (MBCT) é uma aplicação poderosa da atenção plena que foi desenvolvida para ajudar aqueles que vivenciam episódios recorrentes de depressão e infelicidade crônica. A MBCT combina atenção plena e elementos da terapia cognitiva visando apoiar uma maior consciência e mais habilidade para lidar com padrões depressivos de pensamento. Em um programa de MBCT, os participantes se encontram em grupo uma vez por semana durante dois meses e praticam o método. Eles cultivam um novo relacionamento com os modos mentais que contribuem para a depressão e para a ansiedade.

Uma pesquisa significativa demostrou os efeitos positivos que a MBCT contra a depressão, a ansiedade e vários outros problemas de saúde mental. A atenção plena pode abordar padrões que nos mantêm presos. Portanto, os escritos e as meditações deste livro vão tocar em muitos princípios fundamentais, temas e práticas da MBCT. Ao mesmo tempo, como mencionado antes, este livro não substitui ajuda profissional. Em especial quando se está depressivo, a estrutura de apoio de um programa de MBCT e a orientação de um profissional podem ser inestimáveis. É possível encontrar especialistas que trabalham com MBCT na internet.

O que é meditação?

Já discutimos sobre a atenção plena, que é um tipo de atenção capaz de nos trazer e nos manter ao momento presente. O método pode ser praticado de maneira informal e trazido para nossa vida diária enquanto estamos ocupados com uma refeição ou uma conversa. Também pode ser praticada durante períodos de meditação formal.

Na meditação, o tempo é reservado para a prática deliberada de trazer a atenção ao momento presente, em geral por meio de alguma âncora, como a respiração, o corpo ou sons. Neste livro, vamos nos concentrar principalmente nas meditações da atenção plena que visam dar suporte a um maior controle da atenção e da consciência dos hábitos da mente. No entanto, determinados exercícios vão pedir que você leve a atenção plena à sua vida cotidiana para atentar-se aos padrões inúteis que vão aparecendo. Você pode interpretar a atenção plena e a meditação como dois lados de uma mesma moeda. A atenção plena aprofunda a meditação, e a meditação expande a atenção plena.

Uma jornada de autocompaixão

As cem meditações deste livro pretendem ajudá-lo a desenvolver uma maior consciência de seu momento presente, não importa qual momento seja.

Perceber e reconhecer com gentileza o que está realmente acontecendo, sem julgamentos, pode ser uma cura em si só. Lembre-se, não há objetivo específico aqui. Por mais estranho que pareça, não estamos tentando limpar nossa mente, nos livrar de pensamentos ou mesmo nos sentirmos mais felizes. Os pensamentos e as emoções difíceis são parte da vida. O que estamos cultivando é a disposição de estar com esses pensamentos, esses sentimentos e essas sensações à medida que surgem e passam. A maior "realização" é trazer um senso de gentileza e curiosidade para o que quer que você note enquanto fizer os exercícios.

Um pouco de autocompaixão ajuda muito aqui. Saiba que nesse momento você é parte de uma comunidade de praticantes de atenção plena, e estamos todos em nossa versão singular do mesmo caminho.

Como disse a escritora e instrutora de meditação de longa data, Sharon Salzberg, "a atenção plena não é difícil; só precisamos nos lembrar de fazê-la". Ou seja, se confiarmos daqui para a frente que a atenção plena é de fato uma prática e não um destino, então o desafio é realmente lembrar-se de fazer isso todos os dias. Todos nós passamos anos no piloto automático, criando rotinas mentais e comportamentais desgastadas. Leva tempo e prática para discernir esses padrões com clareza e abrir espaço para uma escolha diferente.

Embora a atenção plena não seja difícil, é um ato de coragem deixar para lá os padrões habituais e, em geral, confortáveis de evitar e suprimir. Olhar para dentro de si pode ser assustador. Na verdade, em geral tomamos esse caminho quando começamos a perceber que nossas velhas maneiras de lidar com as situações não estão funcionando.

Ao embarcar neste caminho, você está começando a regar a semente da atenção plena que existe dentro de você. Que ato de carinho! Lembre-se de não se apressar. Escolha um ritmo que funcione para você. Não é necessário completar todas as meditações de uma vez. Em vez disso, dedique algum tempo a cada capítulo a fim de praticar e perceber como o tema se aplica à sua vida. Então, deixe esse tema e siga adiante. Não é necessário afogar a semente, e pode haver períodos de seca. Apenas continue cuidando da semente pouco a pouco, e algo surpreendente vai emergir.

A arte de viver nessa "situação difícil" não é,
por um lado, ficar descuidado e à deriva, nem,
por outro, apegar-se temeroso ao passado e àquilo
que é conhecido. Consiste em ser sensível a cada
momento, em considerá-lo absolutamente novo
e único, em ter a mente aberta e totalmente receptiva.

Alan Watts, escritor e palestrante

2

A mente de principiante

Pensamentos e ideias do nosso passado e previsões do futuro costumam formar um filtro pelo qual vemos o mundo. Essa perspectiva deixa pouco espaço para que novas informações cheguem até nós. Passamos nossos dias pensando no futuro desconhecido ou no passado estabelecido, em vez de observar o que existe.

Surge uma onda familiar de tristeza, e a mente começa a girar: "Ah, não, está acontecendo de novo", "O que há de errado comigo que simplesmente não consigo ser feliz?", "Vai ser sempre assim?", "É melhor eu ficar em casa, não serei uma boa companhia". Esse acúmulo de pensamentos negativos alimenta emoções que levam a comportamentos que nos afastam do momento presente e nos afundam ainda mais na depressão. Uma mente de principiante pode nos libertar dessa armadilha.

A mente de principiante envolve uma atitude de abertura — remover os filtros, as ideias e as expectativas que influenciam o modo como vemos as coisas. É uma atitude de "não saber", que nos permite enxergar nossas experiências com mais clareza e menos reatividade. Imagine vivenciar o momento como se fosse uma criança, com uma lousa em branco e um forte senso de curiosidade. "Humm, como será que é a tristeza?", "Como ela muda e se transforma?", "Talvez tristeza seja apenas tristeza." Quando deixamos de lado o que a tristeza pode significar e simplesmente notamos como ela é sentida, a experiência se desdobra de modo natural e evitamos ficar presos. A mente de principiante nos mantém abertos onde a depressão nos fecha.

Pensamentos inúteis comuns

Isso nunca vai acabar.

Vai ser exatamente como da última vez.

Não vou gostar disso, então por que experimentar?

1. Chegue ao lugar em que você está

🕒 5 minutos

Muitas vezes, a mente está dez passos à nossa frente, tentando descobrir o que vem a seguir; ou dez passos atrás, revendo o que acabou de acontecer. O primeiro passo na atenção plena é chegar ao lugar em que você está. Esta meditação pretende juntar corpo e mente no mesmo lugar. Use-a para reunir e firmar sua atenção.

- Onde quer que esteja, comece sentando-se em uma cadeira, com as costas eretas e relaxadas, e os pés no chão. Permita que seus olhos se fechem gentilmente ou olhe com suavidade para o chão.

- Comece sintonizando seus pés. Sinta-os apoiados no chão. Perceba todas as sensações.
- Guie sua atenção para as sensações em suas coxas e nádegas, em todos os pontos onde o corpo encontra a superfície na qual você está sentado. Sinta o peso do corpo ser sustentado pela cadeira.
- Volte sua atenção para as costas. Perceba as sensações onde as costas encontram a cadeira e onde não a encontram.
- Vire sua atenção para as mãos. Sinta onde as mãos estão apoiadas ou onde uma toca a outra. Como você as sente neste momento?
- Por fim, sinta todo seu corpo sentado ali. Respire com a sensação do seu corpo neste momento. Se sua atenção se dispersar, traga-a gentilmente de volta para a sensação do seu corpo, para onde ele está agora.
- Ao terminar esta meditação, saiba que você sempre pode chegar exatamente ao lugar em que está, notando seu corpo e os pontos de contato do seu corpo com a terra, com a cadeira, consigo mesmo.

2. Descubra sua respiração

🕐 10 minutos

Estamos sempre respirando; mesmo assim, raramente temos consciência disso. Nesta prática, você vai descobrir sua respiração como se a sentisse pela primeira vez. Cada respiração é uma nova experiência para ser explorada com intensidade e curiosidade. Como o ativista e monge budista Thich Nhat Hanh afirmou: "Nossa respiração é um solo estável e sólido no qual podemos nos refugiar. Não importa o que ocorra dentro de nós — pensamentos, emoções ou percepções —, nossa respiração está sempre conosco, é uma amiga fiel".

- Comece esta prática encontrando um lugar tranquilo para se sentar. Acomode-se de modo que se sinta confortável, desperto e com a coluna ereta. Seus olhos podem ficar fechados ou abertos, depende da sua preferência.
- Dedique alguns instantes para perceber as sensações de estar sentado, sentindo os pontos de contato entre seu corpo e a superfície na qual você se acomodou.
- Ao se sentar, comece a ficar ciente do fato de estar respirando. Permita que a respiração seja natural e deixe o corpo respirar por conta própria.
- Comece explorando as sensações da respiração no abdômen. Sinta o abdômen se erguer ao inspirar e afundar ao expirar. Dedique uns momentos a perceber cuidadosamente cada nova respiração, usando toda a sua atenção.
- Se perceber o surgimento de pensamentos, verifique se consegue reconhecê-los gentilmente e volte a sentir as sensações da respiração.
- Em seguida, desloque sua atenção para sentir a respiração no peito. Sinta o peito inflando na inspiração, e desinflando na expiração.
- Quando estiver pronto, comece a investigar as sensações da respiração nas narinas. Sinta o ar frio entrando, e o ar morno saindo. Descubra com cuidado cada nova respiração.
- Durante algumas respirações, sinta toda a extensão do ar dentro do corpo, enquanto ele se move pelas narinas, pelo peito e pelo abdômen.

- Quando a meditação chegar ao fim, reserve um momento para pensar na singularidade de cada respiração.

3. Conferência de temperatura

🕐 10 minutos

Assim como o termômetro nos diz nossa temperatura, o corpo pode ser um indicador do nosso estado de espírito. O *check-up* do nosso corpo permite ver como as coisas estão e cuidar do que pode necessitar de atenção. Nesta prática, fazemos uma varredura suave dos lugares onde, em geral, acumulamos tensão. Em vez de julgar ou avaliar o que encontrarmos, a intenção é simplesmente notar.

- Encontre um lugar confortável para se sentar, onde você se sinta bem e desperto. Também é possível praticar esta meditação deitado, se você não se sentir sonolento. Se estiver deitado, permita que os braços repousem ao lado do corpo, com a palma das mãos virada para cima. Feche os olhos gentilmente ou mantenha-os abertos com um olhar suave.
- Comece voltando sua atenção para seu rosto. Que sensações percebe nele neste instante? Perceba se há alguma tensão ou algum formigamento e continue a respirar enquanto observa qualquer sensação que apareça.
- Se você se pegar pensando no seu corpo, veja se pode voltar a senti-lo diretamente. Saiba que, caso alguma sensação se torne muito opressora ou desconfortável, você sempre pode voltar sua atenção para a respiração ou para alguma parte do corpo que pareça mais neutra ou agradável.

- Direcione completamente a atenção para os seus ombros. Quais sensações estão presentes na região neste momento? Perceba qualquer tensão ou temperatura enquanto respira, e fique ciente das sensações enquanto elas se movem, mudam ou permanecem as mesmas.
- Deixe toda essa atenção se mover para seu abdômen. Quais sensações você detecta nele?
- Em seguida, guie a atenção para suas mãos. Perceba o seguinte: quais sensações você consegue detectar neste exato momento? Continue respirando com quaisquer sensações que surjam.
- Por fim, faça algumas respirações para sintonizar seu corpo como um todo. Enquanto respira, sinta profundamente a mudança no padrão de sensações. Nesta hora, é muito importante que você permita que seu corpo seja exatamente como é.
- Ao completar esta prática, abra os olhos gentilmente. Movimente seu corpo com delicadeza.

4. Escuta atenta

⏱ 5 minutos

Com uma mente de principiante, deparamos com cada novo momento precisamente como ele é. Quando estamos abertos para cada momento, podemos notar nossa mente pensante "especialista" e como isso nos tira do fluxo de ouvir de verdade, nos levando, em vez disso, a julgamentos ou explicações. Esta prática consiste em deixar de pensar e retornar à escuta atenta. Você pode fazer esta meditação sempre que tiver uns momentos a sós.

- Comece sentando-se em uma posição atenta e confortável. Respire fundo algumas vezes e deixe seu corpo se acomodar no grau que desejar. Feche os olhos.
- Volte a atenção aos seus ouvidos e se abra aos sons ao seu redor. Perceba sons próximos e distantes, altos e baixos.
- Veja se consegue adquirir uma atitude de curiosidade e franqueza enquanto escuta. Em vez de procurar os sons, permita que os sons cheguem aos seus ouvidos.
- A cada vez que se pegar pensando sobre os sons, lembrando ou planejando, note com gentileza o que está fazendo enquanto "pensa" e direcione a atenção de volta para os sons.
- Observe como os sons chegam e se vão.
- Perceba quando sua atenção se desviar e, sem julgamento ou muita discussão interna, deixe para lá e volte a escutar. Tente relaxar na realidade de não saber que som aparecerá na sequência, quanto tempo ele vai durar e se você o achará agradável ou desagradável (uma verdadeira mente de principiante!).
- Quando a prática terminar, abra lentamente todos os seus sentidos ao momento presente.

5. Nova perspectiva
(Minimeditação)

Toda vez que lavar as mãos ao longo do dia, use o momento como uma oportunidade para direcionar toda a atenção para seus sentidos. Perceba qual é a sensação da água nas suas mãos. Sinta a temperatura e a textura do sabonete. Sintonize cada cheiro ou som que surgir. Permita que esse momento de atenção plena nutra você nas ocupações de seu dia.

6. Esteja atrás de seus olhos

🕐 5 minutos

Quando estava tentando entender o que era a atenção plena, achava que ela estava atrás dos meus olhos. Muitas vezes, sentia que, quando era atraída pelo pensamento, eu desaparecia e começava a perder o momento. Quando me soltava do pensamento e voltava ao presente, sentia como se estivesse novamente atrás dos meus olhos. Este exercício pode ser feito olhando por uma janela ou em qualquer lugar com uma vista.

- Sentado na janela, dedique um momento a sentir seus pés no chão. Sinta uma ou duas respirações apenas para se ancorar ao momento.
- Agora, traga sua atenção para ver o que está diante de si. Permita que seu olhar absorva tudo, como se estivesse vendo tudo pela primeira vez.
- Perceba as cores, as texturas e os padrões. Receba com atenção o que está diante de você, permanecendo totalmente consciente.
- Veja se consegue observar a vista, em vez de pensar nela. Olhe cada detalhe do que está diante de si. Se notar que está se afastando do que vê, deixe gentilmente o pensamento para lá e retorne para trás dos seus olhos.
- Se pensamentos ou julgamentos surgirem além da observação neutra do que você vê, rotule esses pensamentos gentilmente como "pensamentos" e guie a atenção de volta para o que está diante de si.
- Quando esta prática terminar, amplie suavemente o olhar. Lembre-se de que você sempre pode usar a vista que tem diante de si para ancorá-lo no momento presente.

7. Não existem duas respirações iguais

🕐 1 a 2 minutos (repita)

Pode parecer estranho, mas não existem duas respirações iguais. Quando olhamos para a respiração dessa maneira, podemos trazer atenção e interesse renovados para ela. Por isso, estabeleça a intenção de se tornar ciente de sua respiração periodicamente ao longo do dia. Tente ligar esta prática a algo que faz com regularidade, como tomar um copo d'água ou levantar da sua mesa de trabalho. Vamos usar o exemplo de tomar um gole de água.

- A cada vez que tomar um gole de água, dedique este instante para perceber como está a sua respiração. Note a expiração e a inspiração em qualquer momento em que elas pareçam mais evidente para você — no nariz, no peito ou no abdômen.
- Pergunte a si mesmo como está sua respiração agora. Observe as sensações.
- Traga uma sensação de curiosidade para a respiração, percebendo se ela é profunda ou superficial; rápida ou lenta; difícil ou suave.
- Siga sua respiração por alguns instantes. Sem julgamento, perceba se ela muda ou se permanece igual do momento em que começou a prestar atenção. Você também pode dizer a si mesmo: "Ah, é assim que ela está agora".
- Deixe gentilmente sua respiração para lá. Tome um gole de água e retome o fluxo do seu dia.
- Da próxima vez que for beber água, repita o exercício.
- Antes de dormir, reflita acerca do que observou sobre sua respiração ao longo do dia.

8. Explorando os aromas

🕐 5 minutos

Uma das minhas professoras mais amadas de atenção plena é minha cachorra Millie. A cada vez que saímos para caminhar, ela levanta a cabeça e fareja o ar. Dia após dia, ano após ano, ela fica animada e curiosa ao descobrir o que tem fora de casa. Para esta meditação, escolha alguma coisa que você sempre bebe ou come, como uma xícara de café ou uma fruta. Vamos explorar o aroma com o intuito de vivenciar a novidade de cada momento.

- Sente com as costas eretas com o item de sua escolha diante de si em uma mesa. Coloque as mãos no colo.
- Feche os olhos e respire fundo algumas vezes. Sinta o ar entrar e sair.
- Dedique um momento a imaginar que o item em questão é completamente novo para você (perceba que você nunca tomou aquela xícara de chá antes). Convide-se a uma atitude de curiosidade enquanto abre os olhos e pega o item nas mãos.
- Leve o item com gentileza até o nariz e continue respirando, mantendo os olhos abertos. Permita que qualquer aroma simplesmente chegue ao seu nariz enquanto você respira calmamente.
- Se você se sentir inclinado a pensar em alguma coisa ou for pego em algum enredo, simplesmente deixe para lá e guie a atenção de volta para seu nariz, para as sensações do aroma.
- Continue a respirar e observe o item que você cheira, como ele muda, e tudo mais que acontece no seu corpo ao fazê-lo.

- Permita que seus olhos se fechem gentilmente. Continue a segurar o item embaixo do seu nariz enquanto respira. Observe qualquer aroma que saia daquele objeto. Perceba se ele intensifica ou diminui enquanto você continua a respirá-lo.
- Por fim, coloque o objeto na mesa e respire por alguns momentos sem que ele esteja embaixo do seu nariz. Perceba as sensações da respiração e qualquer odor remanescente.

9. Consciência da rotina

(L) Uma vez por dia

Quando nosso ânimo está baixo, a vida pode começar a parecer um tanto quanto monótona. Perdemos a sensação de interesse e colocamos as coisas no piloto automático para conservar o que parece um estoque bem limitado de energia. O problema é que, no piloto automático, é muito difícil notarmos qualquer coisa que seja interessante, agradável ou edificante. Este exercício nos convida a observar o que acontece quando trazemos novas perspectivas às atividades rotineiras ou a um estado mental sombrio.

- Durante uma semana, escolha uma atividade rotineira na qual você planeja estar atento. Atividades como tomar banho, escovar os dentes, tomar café ou lavar a louça são em geral escolhas acessíveis.
- Estabeleça a intenção de abordar esta atividade com mente de principiante, notando a real experiência dela. Você pode precisar definir um lembrete ou um alarme para permanecer consistente.

- Enquanto realiza sua rotina, veja se consegue trazer toda a atenção para seus sentidos.
- Tente ir um pouco mais devagar, absorvendo imagens, cheiros e sensações.
- Conforme os velhos hábitos surgem e você é levado a entrar no piloto automático, liberte-se conscientemente dos pensamentos. Volte a atenção para os seus sentidos, visando assimilar a plenitude da experiência. Permaneça aberto às suas percepções.
- Repita esta atividade diariamente.
- Reflita sobre como é fazer este exercício desse novo jeito. Escolha uma nova atividade para ser feita com atenção plena na semana seguinte.

10. Exploração consciente dos alimentos

⏱ 10 minutos

Comer é uma das coisas que fazemos de maneira automática com mais frequência. É muito fácil comer e fazer algo ao mesmo tempo, como assistir à televisão — e perder toda a experiência. Uma mente de principiante pode trazer uma sensação totalmente nova de satisfação e apreço pela experiência de comer. Neste exercício, escolha um alimento: pode ser uma uva-passa, um morango ou um pedaço pequeno de chocolate. Tente abordar esta atividade como uma criança ao dar uma mordida em algo totalmente novo.

- Sente-se em um lugar tranquilo, longe de outras pessoas, com a coluna ereta. Permita que seu corpo relaxe com os pés apoiados no chão.

- Segure o alimento que escolheu com a mão fechada.
- Feche os olhos gentilmente ou olhe para o chão. Sinta a cadeira embaixo de você e perceba as sensações de estar sentado ali.
- Agora, abra os olhos e a mão. Comece explorando o alimento com a visão. Vire-o na palma das mãos para vê-lo de todos os lados.
- Explore o alimento com o toque. Perceba o peso dele na palma da mão e como você o sente com os dedos. Veja se pode deixar o pensamento de lado, gentilmente, e voltar a atenção para a sensação do alimento.
- Segure o alimento entre dois dedos e o aproxime do nariz. Explore-o com o olfato.
- Aproxime o alimento do ouvido e explore-o com a audição. Mova-o entre os dedos e perceba qualquer som.
- A cada vez que notar que sua atenção se desviou, traga-a de volta.
- Leve o alimento aos lábios e perceba a intenção de colocá-lo na boca antes mesmo de fazê-lo.
- Permita que o alimento fique na sua boca sem mastigá-lo. Explore a sensação dele ali, notando que sabores ou desejos aparecem.
- Agora, com total atenção, morda o alimento e comece a mastigá-lo devagar. Observe os sabores, as texturas e as mudanças enquanto mastiga.
- Você sente vontade de terminar de comer? Perceba a intenção de engolir antes de fazer isso. Note tudo o que acontece na sua boca para que você possa engolir.
- Quando terminar esta prática, reserve um momento para uma vez notar mais uma vez como sua boca fica na ausência daquele alimento.

11. Desvencilhe-se

🕐 10 minutos

Uma das partes mais complicadas da depressão é que, uma vez que a vivenciamos, podemos facilmente sentir medo de uma recaída e nos afundarmos em um pensamento negativo a qualquer indício de seu possível retorno. Infelizmente, esse círculo de previsão, culpa e recordação é quase uma garantia de que as coisas vão piorar. Nossa tarefa é aprender a lidar com sabedoria com essa reatividade. Um jeito de fazê-lo é nos desvencilharmos de propósito dos pensamentos e convivermos com os sentimentos à medida que eles surgem. Desse modo, não estamos evitando-os ou suprimindo-os, mas ficando no momento de maneira corajosa.

- Comece a prática ao encontrar uma postura sentada confortável. Você pode deixar os olhos fechados ou baixá-los com suavidade para o chão.
- Dedique um instante para se acomodar em seu assento, e perceba em que pontos seu corpo faz contato com a cadeira ou com o sofá.
- Volte a atenção para sua respiração. Siga cuidadosamente as sensações da respiração, onde quer que estejam mais evidentes para você.
- Com o passar do tempo, você vai ser capaz de notar seu pensamento. Toda vez que ficar ciente do pensamento em sua mente, deixe-o de lado gentilmente e retorne à respiração.
- Se perceber que sua mente está sendo atraída por um pensamento ou uma preocupação particularmente difícil, você pode tentar algo diferente. Dedique uns instantes a

voltar a atenção ao seu corpo. Enquanto faz isso, veja se consegue detectar alguma sensação de tensão, de descontrole ou ainda de antecipação. Caso sim, permita-se o tempo necessário para ancorar sua atenção nessas sensações enquanto respira. Observe-as com curiosidade e bastante gentileza.

- Quando essas sensações não chamarem mais sua atenção, sinta-se livre para voltar a simplesmente acompanhar sua respiração.
- Permita-se continuar dessa forma. Se for pego por pensamentos difíceis, desvencilhe-se gentilmente deles e volte a se concentrar nas sensações do seu corpo.
- Quando a prática terminar, parabenize-se por explorar esse jeito diferente de estar com pensamentos desafiadores.

12. Conforto na incerteza

🕐 10 minutos

Quando nos deparamos com incerteza ou desconforto, muitas vezes ficamos presos na necessidade de saber como as coisas vão se resolver ou o que vai acontecer. Na realidade, não temos como saber. Ao reconhecer essa verdade, podemos começar a nos libertar de pensamentos compulsivos ou preocupantes. Esta é uma prática ensinada pelo instrutor de meditação Jack Kornfield. Experimente-a quando estiver se sentindo relativamente tranquilo, e não chateado ou estressado.

- Sente-se tranquilamente por um tempo com a coluna ereta e a postura relaxada. Permita que seus olhos se fechem gentilmente.

- Dedique alguns instantes a sentir a duração de cada inspiração e de cada expiração.
- Quando estiver pronto, leve a mente até um tempo no futuro, como, por exemplo, daqui a cinco anos. Imagine como seria essa época. Agora, reconheça que, por mais que tenha planos e ideias em relação ao futuro, você não sabe realmente o que vai acontecer nem mesmo como o futuro vai ser. Repita para si mesmo: Eu não sei. Perceba os sentimentos de não saber dentro de si e respire gentilmente com eles.
- Agora, pense sobre alguns dos grandes mistérios da vida, em todas as pessoas que nascem e morrem todos os dias. De onde a vida vem e para onde ela vai? Perceba o quanto não sabemos. Repita para si mesmo: "Eu não sei". Sinta essa mentalidade de "não saber" e permita gentilmente que seu corpo relaxe com o que quer que você perceba.
- Se sentir-se seguro, permita que conflitos internos ou externos entrem na sua mente. Perceba todos os pensamentos e opiniões que você tem sobre o que é justo ou sobre como as coisas deviam ser. Mais uma vez, reconheça que, na verdade, você não sabe de nada. Talvez as coisas que não estão indo "bem" levem a algo surpreendente, valioso ou profundamente gratificante.
- Considere, por um momento, como podemos nos limitar com o que pensamos que sabemos. Como seria trazer a mentalidade do "não saber" para novas situações, para nós mesmos e para as outras pessoas?
- Veja se consegue trazer um pouco dessa mentalidade do "não saber" para situações nas quais há incertezas. Respire fundo e faça o que puder para rir, dizendo a si mesmo: "Eu não sei".

13. Investigando expectativas

🕐 Ao longo do dia ✏ Caneta e papel

Você já teve um pensamento ou uma preocupação que não se tornou realidade? "Nunca conseguirei terminar tudo". "Todo mundo vai perceber meu corte de cabelo horrível". Nossas expectativas e ideias acerca de uma situação podem exercer forte influência na nossa experiência, mesmo que nunca se tornem realidade. Com a atenção plena, podemos ficar cientes das nossas expectativas para que elas tenham menos influência sobre nós. Em vez de sermos guiados por ideias e previsões, podemos enxergar o momento com clareza e responder a tudo que surgir com habilidade e sabedoria.

- Escolha um dia em que você pode encarar algum estresse ou desafio. Enquanto desperta e começa seu dia, perceba cuidadosamente quais pensamentos surgem. Conforme as expectativas e previsões se apresentarem, traga um senso de curiosidade para elas.
- Aborde seus pensamentos sem julgamento. Simplesmente perceba-os e, se conseguir, registre o que percebeu.
- Continue atento às expectativas e previsões enquanto se prepara para seu dia.
- Ao longo do dia, em especial quando se prepara para uma atividade ou conversa nova ou desafiadora, veja se consegue perceber as expectativas que surgem. Veja se pode simplesmente anotá-las em algum lugar e continuar com seu dia.
- Faça esta prática mais duas vezes nos dias em que você prevê que vai encarar alguma dificuldade ou estresse.
- Dedique um tempo a refletir sobre o que você observou durante sua investigação. Note se a prática foi útil para

torná-lo mais consciente ou para não deixá-lo ser tão controlado pelas expectativas. Em caso positivo, continue com ela.

14. A paisagem dos sentimentos

🕐 10 minutos

Nesta meditação, encorajamos que as emoções possam ser sentidas em vez de resolvidas. Para muitos de nós, saber o que as emoções realmente são é o primeiro passo para o ato radical de sentir os sentimentos. Em geral, o que chamamos de "sentimento" é feito de emoções (como a tristeza), sensações (como um aperto no peito) e desejos (como a vontade de dormir). Conhecer a paisagem dos nossos sentimentos pode nos ajudar a evitar ser oprimidos por eles. Experimente esta meditação quando perceber dificuldades menores, irritação, desapontamento ou preocupações.

- Comece esta prática encontrando um lugar confortável e tranquilo para se sentar. Adote uma postura alerta e consciente do momento presente. Feche os olhos gentilmente ou deixe seu olhar ir com suavidade até o chão.
- Comece voltando a atenção para dentro de si, notando como está seu corpo. Devagar, perceba nele qualquer sensação de tensão, ansiedade ou rigidez. Faça isso com a intenção de explorar, em vez de tentar consertar.
- Volte a atenção para perceber qualquer emoção que esteja presente em você. Simplesmente detecte qualquer emoção — ansiedade, frustração ou tristeza — e tente não pensar sobre ela, por que está presente ou como se livrar dela.

- Comece a notar qualquer pensamento que venha com a dificuldade que você identificou quando começou esta meditação. Veja se pode observar os pensamentos que aparecem e depois deixá-los passar. E também pode rotulá-los: pensamento ansioso, pensamento autocrítico, pensamento sobre o futuro.
- Você pode dizer a si mesmo: "Ah, é assim que sinto isso neste momento".
- Retorne a atenção para sua respiração. Permita que as sensações da respiração o ancorem a este momento.
- Quando a prática terminar, dedique alguns instantes a se parabenizar por abordar sua experiência de uma forma diferente. Você demonstrou uma atitude corajosa e uma mente de principiante.

Palavras de encorajamento

Adotar uma mente de principiante em cada momento exige prática. Lembre-se de que não há um jeito certo ou errado de as meditações ocorrerem. Concentre-se no processo, não no resultado. Qualquer que seja sua experiência, é exatamente o que você está convidado a perceber.

Reflexão

O que você percebeu quando fez essas meditações? Quais aspectos da sua experiência se destacaram? Como você pode aplicar uma atitude de mente de principiante à sua vida cotidiana?

Devemos pôr abaixo nossos preconceitos e viver no mundo com o céu, as árvores, o ar e as demais pessoas.

Seung Sahn, fundador da escola zen Kwan Um

3

O não julgamento

Em geral, usamos nosso julgamento como atalho para declarar preferências. Em vez de dizer "Não gosto desse sabor", costumamos dizer "Isso é nojento". Isso se torna um problema quando esquecemos que nossos julgamentos são opiniões pessoais baseadas em experiências individuais. Sem essa consciência, os julgamentos tendem a nos prender em padrões de resistência e reatividade.

Dedique um momento para imaginar que um colega de trabalho conseguiu a promoção que você queria. Sinta a diferença entre "Isso é muito decepcionante, porque eu queria de verdade essa promoção" e "Isso é tão injusto, totalmente ridículo". O julgamento pode transformar um desafio emocional em um impasse. Quanto mais resistimos à realidade e lutamos contra ela, mais nos afundamos no desapontamento e na raiva debilitantes.

Com o não julgamento, podemos observar os fatos de uma situação e a nossa reação a eles — incluindo qualquer julgamento — com clareza e um pouco de distanciamento.

Em vez de julgarmos a nós mesmos só por julgar, podemos fazer uma pausa, perceber o que está acontecendo e decidir como responder. Podemos ainda notar preferências ou comunicar necessidades. De fato, com o não julgamento, provavelmente ficaremos mais próximos daquilo que queremos. Cultivar o não julgamento nos ajuda a nos abrir para mais entendimento, a uma maior sabedoria e mais discernimento. O não julgamento é um ato radical de gentileza que pode nos ajudar a responder com sabedoria aos desafios diante de nós.

Pensamentos inúteis comuns
Sabemos que o julgamento está por perto quando nossos comentários internos incluem palavras como "devia", "não devia", "certo", "errado", "justo", "injusto", "bom", "ruim", "melhor" e "pior".

Isso não devia ser tão difícil.
Mereci isso porque sou preguiçoso.
Todo mundo parece se sair melhor do que eu.

15. Permita que sua respiração seja como ela é

🕐 10 minutos

A respiração é uma âncora comum para a prática da atenção plena. Voltar à respiração pode ser uma maneira poderosa de nos desvencilhar de nossos pensamentos e nos firmar no momento presente, mesmo que por alguns instantes. É fácil ser atraído por julgamentos sobre como nossa respiração "deveria" ser. Nesta prática, vamos permitir que a respiração seja como ela é.

- Comece sentando-se com as costas eretas, em uma posição confortável. Permita que seus ombros relaxem para trás e para baixo, de modo que seu peito fique aberto e sua respiração possa fluir naturalmente. Feche os olhos devagar ou descanse o olhar no chão.
- Faça três respirações levemente profundas e, ao fazer isso, veja em que parte do corpo pode detectá-las com mais clareza.
- Deixe a respiração voltar ao ritmo natural e comece a prestar atenção às sensações da respiração onde quer que ela seja mais aparente ou agradável. Você pode se concentrar nas suas narinas, no peito ou no abdômen.
- Sinta a respiração enquanto ela entra e sai do seu corpo. Concentre toda sua atenção nas sensações da respiração.
- Ao respirar, fique atento aos momentos em que algum julgamento sobre sua respiração aparecer. Quando isso ocorrer, rotule-o com gentileza como "julgamento" e volte a perceber cada respiração sua. Veja se pode celebrar o ato de notar quando um julgamento aparece.
- Não é necessário mudar ou controlar a respiração. Permita que ela seja como é neste exato momento.
- Se outros pensamentos ou julgamentos aparecerem, sinta-se livre para rotulá-los gentilmente como "pensamentos" e "julgamentos", guiando sua atenção de volta para a forma como as sensações mudam enquanto você respira.
- Quando terminar a prática, dedique alguns instantes a se conectar com uma sensação de gratidão por permitir que sua respiração seja como ela é.

16. Seu corpo é belo

🕐 15 minutos

Raramente dedicamos um tempo para apreciar tudo o que nosso corpo faz para nos ajudar a nos mover, a criar, a levar coisas, a falar e a sentir o mundo ao nosso redor. Quando as coisas estão indo bem, não damos atenção ao nosso corpo, mas sempre percebemos quando algo está errado, como uma doença ou um ferimento. Talvez sejam ainda mais aderentes as ideias sobre como nosso corpo devia parecer ou ser. Mas, como Jon Kabat-Zinn nos exorta a fazer, lembre-se de que "enquanto estiver respirando, há mais coisas certas com você do que erradas".

- Encontre um lugar tranquilo e sente-se com a coluna ereta, ou deite-se. Se estiver deitado, permita que suas pernas fiquem esticadas e que seus pés caiam um para cada lado. Deixe os braços estendidos ao longo do corpo, com a palma das mãos para cima. Permita que seus olhos se fechem devagar ou deixe seu olhar desfocado.
- Dedique algum tempo a perceber as sensações do seu corpo. Note os pontos de contato entre seu corpo e o colchonete ou a cadeira. Sinta todo o comprimento do seu corpo.
- Lembre-se de que a intenção desta varredura é sentir diretamente as sensações enquanto você move a atenção por todo seu corpo. Não há jeito certo ou errado de sentir, e não é necessário relaxar ou sentir algo diferente. Veja se consegue esquecer os julgamentos sobre como devia se sentir e simplesmente perceba o que há. Se surgirem pensamentos durante esta consciência corporal, veja se consegue observá-los e gentilmente retornar a atenção ao seu corpo.

- Quando estiver pronto, direcione a atenção para suas pernas e, em seguida, para seus pés. Comece então a explorar as sensações nos dedos dos pés, na sola e, por fim, na parte alta do pé.
- Direcione a atenção para seus tornozelos e para suas panturrilhas. Perceba as sensações que surgem na pele e na musculatura deles. Se não houver sensações, tudo bem. Simplesmente deixe a atenção em suas panturrilhas.
- Passe a atenção para os joelhos e as coxas. Perceba qualquer temperatura ou pressão. Com gentileza, deixe de lado qualquer pensamento sobre as sensações e sinta-as diretamente.
- Volte a atenção para a região pélvica. Perceba qualquer sensação que apareça enquanto você respira. Se algum pensamento ou alguma emoção surgir, dedique um instante para reconhecê-lo e, então, gentilmente, retorne a atenção ao seu corpo.
- Saiba que, caso sinta necessidade, você sempre pode voltar para sua respiração ou então abrir brevemente os olhos para que consiga fixar-se e acomodar-se novamente no momento presente.
- Ao expirar o ar, solte a pélvis, e, ao inalar, perceba todo o comprimento das suas costas. Sinta a região lombar e a cervical de seu corpo. Talvez seja possível detectar as sensações de toque onde seu corpo encontra a cadeira ou o colchonete.
- Mude sua atenção para o abdômen. Perceba as sensações nele, incluindo o movimento da respiração.
- Leve sua atenção para a região do peito. Sinta as costelas e os músculos enquanto respira. Talvez você consiga sentir seus batimentos cardíacos.

- Passe a atenção para seus braços e para suas mãos. Sinta qualquer dormência ou umidade.
- Ao expirar, deixe a atenção em suas mãos, e, ao inalar, volte a atenção para seus braços. Sinta-os por inteiro, tanto a pele quanto os músculos.
- Passe sua atenção para os ombros. Sinta qualquer tensão ou ansiedade e, com cuidado, preste atenção a essa região ao respirar.
- Agora, deixe seus ombros e volte a atenção para seu pescoço e para sua garganta. Talvez você possa sentir a respiração na garganta e o ar na sua pele.
- Na sequência, concentre sua atenção no rosto. Sinta-o, notando qualquer tensão ou formigamento. Apenas respire com as sensações em todo seu rosto.
- Por fim, sinta o topo de sua cabeça. Quando estiver pronto, permita que sua atenção se espalhe com lentidão a partir da cabeça, incluindo todo seu corpo, até a sola dos pés.
- Respire por alguns instantes enquanto aprecia seu corpo exatamente como ele é.

17. Mova-se com atenção

🕐 10 minutos

O movimento pode ser um jeito útil de trazer a atenção para o momento presente. Em especial, quando estamos nos sentindo presos ou resistindo ao momento presente, movimentar o corpo pode nos ajudar a superar emoções difíceis. Até os dias de hoje, quando estou me sentindo sobrecarregada, penso em uma frase simples, mas sensata, que minha mãe costumava dizer quando eu era jovem: "Mova um músculo, mude um pensamento".

- Comece esta prática em pé, com os joelhos levemente dobrados e os pés separados e alinhados com os quadris.
- Perceba as sensações do seu corpo. Você pode levar seu peso para a frente e para trás, devagar, e antes de voltar para uma posição de equilíbrio.
- Dedique um instante para reconhecer a intenção de entrar em contato com as sensações do corpo no momento em que você se move. Perceba seus limites e sinta-se livre para modificar qualquer movimento, ou mesmo imagine-se fazendo o movimento se não for possível você se mexer. Sinta-se livre para abrir ou fechar os olhos — o que for melhor para ajudá-lo a manter o equilíbrio e permanecer em contato com as sensações. Perceba qualquer julgamento que apareça e tente deixá-lo ir embora gentilmente.
- Comece estendendo os braços por sobre a cabeça, com os dedos das mãos apontando para o teto. Olhe para a frente ou em direção às suas mãos, do jeito que for mais confortável. Sinta todo o comprimento de seu corpo e as sensações de se alongar.
- Devagar, com consciência, abaixe os braços e deixe-os repousar ao longo do corpo. Dedique uns instantes para sentir os efeitos deste momento.
- Na sequência, estenda um braço sobre a cabeça, como se estivesse pegando uma fruta no alto de uma árvore, e depois estenda o outro. Faça esse movimento enquanto respira e perceba as sensações que isso cria em seu corpo.
- Com consciência, abaixe os braços e deixe-os repousar ao longo do corpo. Dedique um instante para estar com seu corpo e com qualquer sensação que apareça.
- A seguir, mova os ombros em círculos lentos, para a frente. Depois de instantes, mude a direção.

- Devagar, fique imóvel. Sinta os efeitos posteriores do movimento no seu corpo.
- Leve sua orelha direita na direção do ombro e perceba a sensação no seu pescoço enquanto respira.
- Levante a cabeça novamente e dedique alguns instantes a sentir todo seu corpo parado ali. Concentre gentilmente sua consciência em todo seu corpo.
- Quando a prática terminar, dedique uns instantes a se conscientizar de qualquer julgamento que você possa ter sobre esta prática ou sobre seu corpo, e veja se consegue gentilmente abdicar dele.

18. Contagem de julgamentos na vida real

🕐 5 minutos ✒ Caneta e papel

Em geral, quando julgamos alimentamos emoções fortes, desejos e comportamentos que levam à depressão. Isso é especialmente verdade quando os julgamentos passam despercebidos. Quando me pego dizendo "Eu não devia ter que lidar com isso", sei que estou presa. Quando nos tornamos conscientes dos pensamentos críticos, eles perdem algum poder sobre nós. Perceber o julgamento é o primeiro passo para se libertar.

- Escolha um dia para ficar ciente dos julgamentos quando eles aparecerem. Certifique-se de registrá-los assim que percebê-los, seja no celular ou em um pedaço de papel.
- Ao longo do dia, sempre que notar um pensamento crítico, faça uma marca na sua folha de anotações. Esses pensamentos podem incluir palavras como "bom", "mau", "incrível", "terrível", "justo", "injusto", "devia" e "não devia".

- Em especial nos momentos em que começar a se sentir chateado ou vivenciar uma emoção intensa, volte a atenção para dentro de si e perceba o que está pensando ou se algum julgamento está surgindo.
- Lembre-se de que você não precisa se julgar por estar julgando. É uma parte natural de estar vivo. A prática do não julgamento é ficar ciente dos julgamentos — o contrário de ser arrastado por eles.
- Preste especial atenção aos julgamentos que surgem nas transições do dia, depois de terminar uma conversa ou antes de iniciar uma nova atividade.
- Conte suas anotações no fim do dia. Sobre os julgamentos que percebeu e sobre como eles afetaram seu humor, suas emoções e sua energia.

19. Tirando a venda dos olhos

🕐 10 minutos

Quando não estamos cientes dos nossos pensamentos, nos tornamos eles próprios. Ser dominado pelas emoções é como usar um filtro ao encarar o mundo: só vemos o que confirma nosso pensamento negativo. Somos incapazes de ver o contexto mais amplo. A prática do não julgamento é perceber pensamentos críticos e não aceitá-los. Neste exercício, vamos praticar o rótulo dos pensamentos e perceber qualquer perspectiva que isso crie.

- Encontre uma posição confortável para se sentar. Permita que sua coluna fique ereta e relaxada. Deixe seus olhos se fecharem com suavidade ou baixe-os para o chão.

- Comece prestando atenção às sensações de estar sentado. Sinta qualquer ponto de toque ou de contato do corpo e perceba a sensação de estar acomodado, sustentando-se na superfície em que você está.
- Perceba sua respiração. Siga as sensações de inspirar e expirar onde quer que sinta isso com mais força.
- Com o tempo, você vai perceber que está pensando. Quando isso acontecer, dedique um momento a perceber aonde sua mente foi e rotule esse pensamento gentilmente. Então, desapegue-se do pensamento e volte a seguir a respiração.
- Em vez de ficar preso no conteúdo dos pensamentos, veja se consegue despertar curiosidade sobre o que você observa.
- Se ficar ciente de um julgamento, rotule-o gentilmente como "pensamento crítico". Use a atenção plena para não se julgar por ser crítico, desapegue do pensamento e retorne à respiração.
- Continue fazendo isso até ficar confortável, seguindo sua respiração e rotulando seus pensamentos e julgamentos conforme eles aparecem durante a prática.

20. Busque reparação
(Minimeditação)

Durante o dia, se perceber alguma autocrítica ou algum julgamento, dedique um momento a reconhecer tais pensamentos. Com essa consciência, analise se esses pensamentos são algo que você diria a um amigo ou a alguém que ama. Veja se esta perspectiva pode ajudá-lo a abrir espaço a um momento de compaixão por si próprio. Talvez você possa até dizer para si mesmo: "Nossa, que pensamento mais rígido".

21. Encontre padrões, liberte a mente

🕐 10 minutos   🖊 Caneta e papel

Quando julgamos alguma coisa, criamos uma distância entre nós mesmos e aquela experiência difícil. Pensamos "Isso é uma droga", ou ainda "Eles só estão sendo grosseiros", ou então "Eu simplesmente odeio isso". Em geral, por trás de qualquer julgamento, encontramos o sentimento de decepção, dor ou mesmo raiva. Julgar pode parecer bom no momento, mas normalmente é contraproducente, pois mantém as emoções ao nosso redor por mais tempo. Neste exercício de MBCT, olhamos para o que existe atrás dos julgamentos ao notar nossas reações a algum desagrado que muitas vezes dá origem a padrões de crítica e reatividade.

- Durante uma semana, defina a intenção de estar ciente das experiências desagradáveis que surgirem.
- Quando notar algum desagrado no seu corpo ou então em seu mente, faça uma pausa e investigue esse sentimento. Anote o seguinte: qual é a situação? Que sensações você percebe no seu corpo? Que pensamentos estão presentes na sua mente? Que emoções você está experimentando nesse momento? Você sente algum impulso? Há algo que queira fazer?
- Assim que puder, escreva as respostas para cada uma dessas perguntas. Enquanto registra e reflete sobre sua experiência, escreva que pensamentos sobre o que aconteceu aparecem neste momento.
- No fim da semana, dedique um momento a olhar o que registrou e ver o que se destaca. Você percebe algum padrão que surge com seu desagrado?

22. De volta ao assento do motorista

É desafiador manter nossos pensamentos em perspectiva, em especial quando sentimos emoções intensas. Imagine um momento no qual você ficou chateado e pensou: "Não posso fazer isso", ou então "Só quero que isso acabe". Quando esses pensamentos parecem verdades absolutas em sua mente, eles assumem o assento do motorista. Nesta meditação, vamos perceber os julgamentos que surgem e dedicar um tempo a fazer uma pausa, rotulando-os como o que são, sem julgar: pensamentos. Dessa forma, podemos recuperar o assento do motorista.

- Comece escolhendo um dia para fazer este exercício. Tente escolher um qualquer. Com o passar do tempo, você pode escolher o dia em que sabe que vai encarar situações estressantes ou desafiadoras.
- No começo do dia, procure definir a intenção de perceber pensamentos negativos, em especial julgamentos, assim que eles aparecerem.
- Emoções fortes ou ainda inquietações são boas pistas de que julgamentos estão por perto. Quando você se der conta de que um julgamento apareceu, dedique um momento a perceber esse pensamento atravessando sua mente. Por exemplo: "Não sou bom nisso", "Estraguei tudo", "Isso não é justo". Então, veja se você consegue reformular essas frases para si mesmo, acrescentando: "Estou pensando que _____".
- Não é preciso fazer mais nada. Apenas perceba o julgamento e reconheça-o como mais um de seus pensamentos, não uma verdade absoluta.

- A cada vez que ficar ciente de um pensamento crítico ou de uma conversa interna negativa ao longo do dia, faça este exercício.
- Quando fizer isso, perceba que efeitos essa prática tem nas suas sensações e emoções.
- No fim do dia, reflita sobre o que notou. Se a prática foi útil, tente incorporá-la ao seu cotidiano com mais frequência.

23. Cultive a curiosidade

Ⓛ 10 minutos

A mente crítica está o tempo todo avaliando nossas experiências e comparando-as com algum padrão que não podemos alcançar. De várias maneiras, a curiosidade é o antídoto para a mente crítica. Ela nos convida a investigar a realidade. Com esta abordagem, quando percebemos o pensamento "me sinto mal", podemos perguntar a nós mesmos: "o que está acontecendo neste momento?" "O que parece tão ruim assim?" "Que sensações, emoções e pensamentos estou tendo neste instante?" Pema Chödrön descreve esta prática quando diz: "Deixe a história de lado e encontre o sentimento".

- Encontre um lugar confortável e sente-se com as costas eretas. Esteja ciente do momento presente. Faça algumas respirações profundas para se acalmar.
- Comece percebendo as sensações de estar sentado neste lugar. Sinta onde seu corpo toca a cadeira ou ainda o estofado e onde suas mãos se apoiam no seu colo ou nas suas pernas.
- Expanda a atenção para sentir todo seu corpo sentado ali.

- Se perceber que sua mente está sendo atraída por um julgamento, veja se consegue deixá-lo de lado e encontrar o sentimento. Desapegue-se gentilmente do pensamento. Cultive a curiosidade sobre qualquer sensação ou falta de sensação no seu corpo.
- Enquanto respira, se ficar ciente de qualquer sensação corporal que chame sua atenção, sinta-se livre para explorá-la. Traga uma sensação de curiosidade enquanto investiga com cuidado a qualidade da sensação e qualquer mudança ou movimento.
- Se a sensação ficar intensa demais, concentre sua atenção na respiração ou em alguma área do seu corpo que pareça neutra ou agradável.
- Quando a prática terminar, dedique um momento a se reconectar com sua respiração enquanto retoma seu dia.

24. Desembale julgamentos

🕐 10 minutos

Quando entramos rapidamente nos nossos padrões habituais, nunca conseguimos conhecer ou confiar na nossa capacidade de lidar com emoções difíceis. Com a atenção plena, vemos que emoções como a mágoa e a decepção vêm e vão, se deixarmos que sigam seu rumo. Ao desembalar os julgamentos e observar as emoções que existem por trás deles, podemos atravessar as dificuldades com graça.

- Encontre um lugar tranquilo para se sentar e adote uma posição confortável. Permita que seus olhos se fechem gentilmente ou olhe para baixo com suavidade.

- Dedique uns instantes a estar no momento presente, seguindo as sensações da respiração. Sinta gentilmente o movimento do ar entrando e saindo do seu corpo.
- Quando estiver pronto, traga um julgamento recente à sua mente, mas não muito intenso. Deixe esse julgamento presente, e dedique um momento a observar a "história" ou o pensamento que surge.
- Deliberadamente, desapegue-se do pensamento e volte sua atenção para os sentimentos no seu corpo. Faça uma varredura no seu corpo e perceba se pode detectar alguma sensação ou contração, alguma tensão ou aflição.
- Esse julgamento apresenta alguma sensação no seu corpo? Com cuidado e gentileza, inspire e expire na região de maior intensidade. Talvez, ao expirar, você sinta que se suaviza, se abre.
- Se sua mente ficar presa à história, desapegue-se dela de forma respeitosa e perceba como seu corpo se sente. Investigue com carinho as sensações que aparecerem.
- Veja se consegue detectar qualquer emoção e rotule-a gentilmente. Lembre-se de que tudo isso é bem-vindo. Traga uma atenção compassiva e gentil para sua percepção.
- Relaxe e dedique alguns momentos a voltar a sentir sua respiração. Permita que seus olhos se abram e faça algumas respirações profundas, visando liberar qualquer tensão.

25. Emoções claras *versus* emoções turvas

🕐 10 minutos

As emoções dizem coisas valiosas sobre nossos valores e sobre aquilo com que nos importamos. Em geral, perdemos esse conhecimento quando, sem querer sentir dor, passamos a consertá-las ou a evitá-las. No livro *The Mindful Way Through Anxiety*, Susan Orsillo e Lizabeth Roemer fazem uma distinção entre emoções "claras" e "turvas". Emoções claras surgem como uma resposta direta e, em geral, informativa a determinada situação. Um exemplo é sentir-se magoado em resposta a ser deixado de fora de algo. No entanto, costumamos passar mais tempo sentindo emoções turvas, de culpa e raiva, baseadas não nos fatos da situação, mas na nossa interpretação, em presunções e em velhos hábitos. Neste exercício, vamos praticar como nos livrar da turbidez.

- Dedique um momento a se sentar tranquilamente, com a coluna ereta e relaxado. Faça algumas respirações profundas.
- Traga à mente uma situação na qual você se sente preso, talvez uma a que você tenha várias críticas. Simplesmente descreva o que ocorreu (por exemplo, meu amigo não me convidou para jantar).
- Pense na história que está contando a si mesmo sobre a situação (por exemplo, que ele é um péssimo amigo). Perceba como isso o afeta física e mentalmente. Perceba quão adesiva é a história.
- Agora, deixe a história de lado e permita que esse pensamento vá para segundo plano. Considere todas as emoções que estão presentes. Então, tente rotulá-las, uma a uma.
- Reflita sobre as emoções que são a resposta direta à situação que você identificou. Essas são suas emoções claras.
- Agora, perceba quais emoções vieram das suas interpretações, previsões ou experiências passadas. Sinta as camadas extra de sofrimento que essas emoções criam. Essas são suas emoções turvas. Pratique a atitude de mente de principiante,

lembrando-se de que não conhecemos o futuro e não podemos ler a mente das outras pessoas.

- Por fim, retorne às emoções claras e dedique alguns momentos a relaxar e respirar. Enquanto respira, reflita sobre o que essas emoções claras podem estar dizendo ou perguntando para você. Continue a respirar e abra-se para qualquer clareza ou tranquilidade que surgir.

26. Os dez maiores sucessos

🕐 10 minutos ✏ Caneta e papel

Enquanto passamos o tempo observando nossa mente, podemos perceber que certos pensamentos parecem familiares, como se estivessem em constante rotação quando as circunstâncias não vão bem. Certos pensamentos surgem de experiências passadas — coisas que outras pessoas nos disseram ou que crescemos ouvindo. Outros são reflexo de sintomas universais de depressão. De onde quer que venham, uma coisa é certa: esses pensamentos depressivos podem facilmente tomar conta de nós e nos arrastar para baixo, dificultando uma ação consciente. Neste exercício, nomearemos esses pensamentos autodestrutivos como nossos "dez maiores sucessos". Dessa maneira, podemos aprender a distinguir esses hábitos da mente com mais clareza.

- Encontre um lugar onde você tenha privacidade. Você vai precisar de papel e caneta.
- Antes de começar a escrever, dedique alguns instantes a se concentrar no momento presente. Sente-se com os olhos fechados e sinta o corpo respirando. Quando se sentir relaxado, permita-se abrir os olhos.

- Dedique alguns momentos a refletir sobre os padrões de pensamento que você identificou até agora. Quais pensamentos autodestrutivos tendem a surgir na meditação e na vida cotidiana?
- Pense nos seus "maiores sucessos" — aqueles pensamentos que aparecem com mais frequência. Escreva-os.
- Depois de completar sua lista, passe um momento escrevendo para si mesmo um bilhete curto ou um recado encorajador que o ajude a manter uma perspectiva compassiva quando perceber um "sucesso" aparecendo.
- Veja se, quando esses pensamentos surgirem, você consegue dizer gentilmente para si mesmo: "Ah, este é um dos meus maiores sucessos". Traga uma consciência gentil e paciente para o pensamento e desapegue-se dele.

27. Amor-gentileza

🕐 10 minutos

É difícil praticar o não julgamento em relação aos outros quando estamos ocupados julgando a nós mesmos. Podemos trabalhar para neutralizar a mente crítica por meio do cultivo intencional do acolhimento e do cuidado com os outros e conosco. Amor-gentileza, uma prática adotada pelo budismo, pretende soltar as camadas de julgamento e reatividade para fazer nossa verdadeira natureza amorosa brilhar com mais força dentro de nós.

- Sente-se em uma postura confortável e permita que seus olhos se fechem com suavidade. Comece sentindo seu corpo sentado, neste momento. Permita que as sensações provocadas e sua respiração o tragam para o momento presente.

- Assim que estiver relaxado, pense em alguém que ame e com quem se preocupa profundamente. Este alguém pode ser um animal, uma criança, um mentor de confiança ou um amigo.
- Mantendo a imagem dessa pessoa em mente, comece a sentir seu desejo verdadeiro de que ela fique bem. Ao fazê-lo, ofereça uma das frases a seguir, em silêncio, para sua pessoa:

> *Que você seja feliz.*
> *Que você tenha saúde.*
> *Que você tenha paz.*
> *Que você seja amado.*

- Continue a repetir essas frases por alguns minutos e direcione-as à pessoa escolhida enquanto respira. Quando sua mente divagar, veja se consegue gentilmente trazê-la de volta e continue a mandar esses desejos gentis.
- Se estiver confortável, coloque sua mão no peito ou em outra parte do corpo enquanto respira, sentindo o calor que está criando.
- Depois, reconheça o próprio desejo de ser feliz, de ter saúde e paz, de ser amado. Comece a direcionar esse amor-gentileza que você cultivou a si mesmo.

> *Que eu seja feliz.*
> *Que eu tenha saúde.*
> *Que eu tenha paz.*
> *Que eu seja amado.*

- Continue a repetir essas frases por alguns minutos e direcione-as para si enquanto respira. Permita que a intenção de cultivar amor-gentileza para si mesmo seja o bastante.
- Ao completar a prática, dedique um momento a deixar essas frases de lado e simplesmente sentir qualquer sensação ou emoção que estiver presente.

28. Uma atitude de amizade interna

⏱ 10 minutos

A autocompaixão constitui uma atitude de amizade interior que pode contribuir muito para interromper velhos padrões de dureza e crítica. Autocompaixão significa que podemos trazer consciência à realidade e tentar nos tratar com a mesma gentileza e compreensão com que tratamos um amigo querido. Em um nível profundo, isso significa reconhecer que todos temos dificuldades e sentimos dor. Nesta prática, aprenderemos como evitar o autojulgamento por meio da autocompaixão.

- Sente-se com a coluna ereta e em uma posição confortável. Permita que seus olhos se fechem com suavidade ou abaixe o olhar para o chão.
- Faça algumas respirações profundas para se fixar no momento presente.
- Com suavidade, coloque uma mão sobre o coração e sinta o movimento da sua respiração. Veja se consegue permitir que seu coração fique suave e receptivo.
- Assim que relaxar com a respiração, permita que as seguintes perguntas surjam na sua consciência: "Do que eu preciso? Qual é minha intenção ao praticar a atenção plena?"

- Dedique um momento a deixar essas questões se acomodarem. Permita que a resposta seja uma necessidade universal: paz, liberdade, conforto, amor, conexão. Reconheça o que quer que surja em você, e mantenha isso no seu coração.
- Repita essa necessidade como um desejo gentil para si mesmo: Que eu seja/tenha _____ _____.
- Continue a respirar com a mão no coração enquanto repete essa frase para si mesmo. Sinta a realidade disso que deseja para si mesmo. Sente-se e respire com qualquer sensação ou emoção que o momento criar.
- Quando a prática terminar, escreva sua frase e use-a na meditação ou em qualquer momento em que a autocrítica aparecer.

29. Comunicação sem julgamento

Praticar o não julgamento enriquece suas interações com as outras pessoas. Quando julgamos aqueles que não conhecemos, nós nos fechamos para eles e não temos a oportunidade de entendê-los. Quando julgamos aqueles que conhecemos, criamos distância e tensão. O julgamento só alimenta o isolamento e a solidão. Ao praticar o não julgamento na nossa comunicação com os outros, podemos construir uma ponte para que deixemos de nos sentir separados. Experimente esta prática e construa uma ponte nas suas interações.

- Escolha uma interação na qual planeja praticar a comunicação sem julgamento.

- Comece usando a atenção plena para identificar os momentos em que os julgamentos surgem.
- Identificar um pensamento crítico é diferente de ser uma pessoa crítica.
- Veja se consegue abordar a interação com um senso de curiosidade, fazendo perguntas. Tente de verdade entender. Reflita sobre o que pode estar acontecendo com aquela pessoa e o que pode estar afetando o ponto de vista ou o comportamento dela.
- Perceba qualquer pensamento, emoção ou sensação no seu corpo. Reconheça gentilmente sua resposta. Dê a si mesmo e às outras pessoas a permissão de ter ideias e sentimentos únicos. Aceite que todos somos diferentes.
- Abordar a comunicação dessa forma é um ato de coragem e bondade. Se for capaz, dedique uns instantes a pensar sobre essa bondade. Que mudanças surgem quando você aborda a comunicação dessa forma? Há alguma desvantagem em trazer curiosidade em vez de julgamento? O que você aprendeu?

Palavras de encorajamento

O simples fato de nos tornarmos mais conscientes dos julgamentos e de como eles afetam nossa experiência é um grande passo para a frente. Não estamos tentando nos livrar completamente deles. Com a prática da atenção plena, lidamos com mais sabedoria com os julgamentos que aparecem. Livres de fusão e de reatividade, podemos aproveitar nossa inteligência e energia para sermos guiados pelos nossos valores e pela compaixão por nós mesmos e pelos demais.

Reflexão

O que você percebeu ao fazer essas meditações? Que aspectos da experiência se destacaram? Como você pode aplicar a atitude de não julgamento no seu dia a dia?

Reconhecer claramente o que está acontecendo
dentro de nós e em relação ao que vemos, com um
coração aberto, gentil e amável, é o que chamo de
Aceitação Radical. Se evitamos qualquer parte da nossa
experiência, se nossos corações excluem qualquer parte
de quem somos e do que sentimos, estamos alimentando
medos e sentimentos de separação que sustentam
o transe da indignidade.

Tara Brach, psicóloga e escritora

4

A aceitação

Todos nós temos dificuldades com a aceitação. Queremos que as coisas sejam de uma certa maneira. Muito dessa dificuldade pode ser entendido nos termos dos nossos padrões habituais de apego e aversão.

O apego é a tendência de segurarmos o que parece bom. Quando algo agradável acontece, queremos mais. Desejamos nos sentir melhor e, quando isso por fim acontece, começamos a nos preocupar sobre quanto tempo esse estado vai durar.

A aversão é a tendência de resistir a experiências difíceis. Quando algo desagradável acontece, queremos mudar ou nos livrar daquilo. Quando vivenciamos a depressão, esses padrões de apego e resistência intensificam nossa angústia, enquanto encaramos altos e baixos que às vezes estão fora do nosso controle. Esses padrões nos trazem o conceito central deste capítulo: como reservar espaço para o que é.

A aceitação é escolher estar com a verdade do momento. Isso significa deixar de lado o jeito como gostaríamos que as coisas fossem e o que consideramos "certo".

Com a atenção plena, podemos começar a nos tornar cientes do apego e da aversão e de como eles aumentam nosso sofrimento. Se pensarmos no sofrimento como a combinação de dor e de resistência, o objetivo não é remover a dor, mas examinar nossa resistência. O modo como respondemos às dificuldades pode alimentá-las ou permitir que elas se extingam por conta própria.

Quando praticamos a aceitação, passamos a ver que abandonar é exatamente o oposto de perder ou desistir. Isso nos ajuda a encontrar estabilidade diante dos inevitáveis altos e baixos da vida. Quando paramos de lutar ou de nos apegar, criamos recursos que não sabíamos que tínhamos para o autocuidado e para o desenvolvimento.

Pensamentos inúteis comuns
Isso não pode estar acontecendo de novo.
Não posso lidar com isso.
Não quero que seja dessa forma.

30. Suavizando

🕐 5 minutos

Em geral, a não aceitação é a forma que encontramos de nos proteger da dor indesejada, da decepção ou então do sentimento de mágoa. Nesse estado de autoproteção, nos tornamos rígidos à medida que endurecemos fisicamente e lutamos contra a realidade.

Aprender a suavizar o corpo pode ser a porta de entrada para suavizar nossas respostas enquanto aprendemos a enfrentar o momento com mais receptividade e flexibilidade.

- Comece esta meditação encontrando um lugar para se sentar e que permita que seu corpo fique relaxado, mas desperto. Você pode mudar o peso do corpo de um lado para o outro até encontrar uma posição de equilíbrio. Deixe seus olhos fechados.
- Enquanto você se acomoda, faça algumas inspirações e expirações profundas antes de deixar que sua respiração entre no ritmo natural.
- Agora, comece a prestar atenção nas sensações do seu rosto, da sua boca e da mandíbula. Se perceber qualquer tensão ou angústia óbvia, permita gentilmente que a área se suavize. Você pode permitir que a língua se solte do céu da boca e a mandíbula relaxe.
- Concentre-se nas sensações dos seus ombros. Permita que eles relaxem suavemente. Quando expirar, veja se consegue permitir que qualquer tensão desapareça.
- Comece a prestar atenção às sensações nas suas mãos. Se perceber alguma tensão ou rigidez, convide-a a se soltar enquanto expira profundamente. Deixe as mãos amolecerem naturalmente.
- Por fim, concentre-se no seu abdômen e veja se consegue deixá-lo bem relaxado. Liberte-se de qualquer tensão ou rigidez nele, permita-se relaxar.
- Nos últimos instantes desta prática, volte a atenção para as sensações em todo seu corpo sentado ali. Permita que seu corpo seja mantido em uma consciência bondosa e espaçosa, aberto ao que surgir.

31. Dois pés, uma respiração (Minimeditação)

Ao longo do dia, conforme você passa de um espaço físico a outro, faça uma rápida pausa e sinta seus pés tocando o chão. Preste atenção ao ciclo completo da sua respiração antes de prosseguir de modo atento. Faça isso todas as vezes que seguir de um cômodo para o outro, quando for começar uma reunião importante ou ainda quando for para casa no fim do dia após o trabalho. Deixe esta prática ajudá-lo a encontrar os próximos momentos do seu dia com abertura e aceitação.

32. O poder no espaço intermediário

🕐 10 minutos

A aceitação nos permite identificar nossos padrões típicos de reatividade com um pouco mais de espaço entre pensamentos, emoções, desejos e ações. Esse espaço e a liberdade de escolha que ele nos traz afetam profundamente nossas ações e nossas vidas. Desse modo, a aceitação e a permissão realmente nos devolvem o controle, não sobre pensamentos e emoções, mas sobre nossas ações. Nutrimos essa habilidade ao reconhecer e escolher o acolhimento de todas as experiências — agradáveis, desagradáveis e neutras — com a mesma e essencial afabilidade.

- Encontre uma postura relaxada e confortável. Você pode deixar seus olhos fechados ou lançar o olhar com suavidade para o chão.

- Dedique um momento a reconhecer a intenção desta prática: reconhecer sua experiência, qualquer que ela seja, com um sentido de permissão e acolhimento. Lembre-se: não é necessário fazer ou realizar nada nos próximos minutos, além de notar o que quer que surja.
- Faça algumas respirações profundas e deixe sua atenção se concentrar onde quer que você sinta a respiração mais claramente. Passe alguns minutos seguindo as sensações de inspirar e expirar. Permita-se simplesmente respirar.
- Enquanto respira, você pode se dar conta de momentos de tranquilidade ou de concentração, e momentos de agitação ou de dificuldade. Veja se consegue encarar cada um desses momentos com a mesma consciência gentil. Você pode rotular essas experiências que surgirem da seguinte maneira: "Ah, tem um pouco de agitação aqui". Então, com suavidade, guie sua atenção de volta para a respiração.
- Agora, passe sua atenção do ato de respirar para a sensação do corpo todo respirando. Fique alguns minutos observando com cuidado as sensações no seu corpo exatamente como elas são. Sinta-as mudarem, transformarem-se ou continuarem iguais.
- Enquanto presta atenção às sensações do seu corpo, você pode ficar ciente de sensações de leveza ou calor, de tensão ou dor. Veja se consegue encarar cada uma dessas sensações com a mesma consciência afável. Você pode rotular essas experiências conforme elas surgirem: "Ah, existe tensão aqui". Então, guie a atenção com suavidade de volta ao seu corpo.
- Quando a prática chegar ao fim, dedique alguns momentos a sentir a respiração mais uma vez. Veja se consegue reconhecer seus esforços de construir este espaço de aceitação e permissão na sua vida.

33. Receba o som de tudo ao seu redor

🕐 5 minutos

A aceitação nos permite trabalhar sabiamente com a resistência que em geral vem com a mudança. Nossas vidas estão sempre em fluxo, muitas vezes devido a forças fora do nosso controle. Fazer as pazes com essa verdade é a chave para nossa sobrevivência — como diz um provérbio zen: "Deixe-se ir ou seja arrastado". À medida que aprendemos a aceitar, a experiência cotidiana pode ser nossa professora. Este exercício nos ajudará a praticar simplesmente estar com a mudança de fluxo dos sons, promovendo uma atitude de aceitação em face dos barulhos da vida.

- Encontre um lugar confortável em uma área barulhenta, talvez em um parque ou no transporte público. Permita que sua coluna fique ereta e deixe seu olhar tranquilo. Relaxe os ombros e o abdômen com suavidade.
- Por alguns instantes, concentre-se nas sensações da sua respiração.
- Depois de um tempo, deixe a respiração mesclar-se ao seu entorno e mude sua atenção para os sons. Abra a audição para o que está ao seu redor.
- Se perceber que os sons o levam a pensamentos ou emoções, veja se consegue reconhecê-los e, com suavidade, desapegue-se deles e volte a escutar. Veja se pode aceitar os sons ao seu redor.
- Perceba como os sons simplesmente sobem e descem. Com um senso de curiosidade e paciência, descanse no momento e escute. Apenas vivencie os sons, sem pensar neles e sem tentar controlá-los.

- Perceba os sons que estão mais perto e os que estão mais distantes de você. Perceba os sons de dentro e também os sons de fora do seu corpo. Veja se consegue repousar com uma postura aberta e receptiva, acolhendo o que vier em sua mente.
- Durante os últimos instantes desta prática, permita que os sons desapareçam ao fundo e sinta as sensações da sua respiração.
- Veja se consegue levar essa sensação de abertura para os próximos momentos do seu dia.

34. Caminhe em paz

🕐 10 minutos

A caminhada atenta nos encoraja a incorporar a aceitação. Ainda que estejamos nos movendo, o propósito não é chegar a nenhum lugar em particular. Não há objetivo em cada passo, a não ser ficar com o que estiver ali. Thich Nhat Hanh descreve esta poderosa prática: "A mente pode ir em mil direções. Mas neste belo caminho, eu caminho em paz. A cada passo, um vento gentil sopra. A cada passo, uma flor se abre".

- Escolha um lugar onde possa dar cerca de dez a trinta passos, ida e volta. Você pode escolher um lugar fechado ou aberto, dependendo da sua preferência. Se precisar de acomodações para sua mobilidade, sinta-se livre para adaptar a parte do movimento desta prática de acordo com sua necessidade. O objetivo é se mover com intenção e, principalmente, atenção, qualquer que seja seu jeito de circular pelo mundo.

- Comece parado, em pé, sentindo o peso do corpo. Deixe os ombros relaxados e permita que os braços descansem em uma posição que lhe seja confortável.
- À medida que se puser a caminhar, mova-se bem mais devagar do que você faria normalmente. Mova-se com intenção e sinta as microssensações nos pés e nas pernas ao mudar seu peso para um pé, erguer lentamente o outro, movê-lo para a frente e colocá-lo no chão.
- Permita que as sensações da caminhada sejam uma âncora para sua atenção. Sempre que sua mente divagar, traga-a com suavidade de volta à sensação dos pés e da caminhada. Se sua mente tiver partido por apenas um minuto ou por algum tempo, tudo bem. Sempre que isso acontecer, simplesmente retorne à experiência de caminhar.
- Quando chegar ao fim do caminho, pare por um momento e sinta as sensações do corpo. Então, vire-se lentamente para o outro lado. Pare por um instante, concentre sua atenção e comece a caminhar novamente.
- Enquanto caminha, se perceber alguma experiência forte, dedique um instante a acolher essa experiência com gentileza. Com suavidade, desapegue-se e volte a caminhar.
- Por fim, dedique um momento a apreciar o esforço de se mover com atenção e considere como você pode integrá-lo no seu dia a dia.

35. Navegue as ondas

🕐 10 minutos

Assim como não podemos parar as ondas do oceano com nossos esforços, os pensamentos vão continuar aparecendo, um após o outro. A aceitação nos permite navegar essas ondas de pensamento com mais facilidade. A prática de reconhecer e permitir os pensamentos nos salva de lutar contra as ondas e de sermos arrastados pela correnteza. Quando encaramos os pensamentos com consciência e aceitação, paramos de lutar. Podemos aceitar o conselho do escritor e instrutor de meditação Eckhart Tolle: "O que quer que o momento presente contenha, aceite como se você tivesse escolhido aquilo. Sempre trabalhe a favor, nunca contra".

- Encontre uma posição confortável. Permita que seus olhos se fechem com suavidade ou lance o olhar com tranquilidade para a frente. Deixe as mãos descansarem no seu colo ou nas suas pernas.
- Dedique alguns instantes a se acomodar, prestando atenção às sensações da respiração.
- Agora, permita que a respiração passe para o segundo plano e comece a tomar consciência dos seus pensamentos. Em vez de deixar-se levar pelo seu conteúdo, veja se consegue reconhecer quando o pensamento está ali. Apenas perceba os pensamentos passando pela sua mente.
- Você pode imaginar que os pensamentos são como ondas quebrando umas contra as outras na praia. Algumas são pesadas e passam bem devagar. Outras são leves e se movem rapidamente pela areia. Qualquer que seja o conteúdo dos seus pensamentos, note-os um a um, com gentileza.
- Certos pensamentos podem ter uma carga emocional. Se isso acontecer, observe-os também.
- Se ficar preso no enredo dos seus pensamentos, veja se consegue desapegar-se com suavidade e retomar a

observação. Aceite tudo o que surgir com uma atitude de paciência e gentileza.

- Conforme você trabalha dessa maneira, os pensamentos e as emoções se tornam menos pessoais, mais como ondas em um grande oceano.

36. A casa de hóspedes de Rumi

🕐 5 minutos

A seguir, podemos ler um poema de Rumi, um escritor, estudioso e teólogo muçulmano do século XIII. Leia o poema duas vezes e siga as instruções na sequência.

Este ser humano é uma casa de hóspedes.
A cada manhã, uma nova chegada.

Uma alegria, uma depressão, uma mesquinharia,
uma percepção momentânea chega
como um visitante inesperado.
Acolha e entretenha todos eles!
Mesmo que seja uma multidão de tristezas,
que varra violentamente sua casa
e esvazie todos os seus móveis,
mesmo assim, trate cada convidado de modo honrado.
Ele pode estar limpando você
para algum novo deleite.

O pensamento sombrio, a vergonha, a malícia,
encontre todos eles na porta sorrindo,
e convide-os a entrar.

A aceitação | 81

Seja grato por quem vier,
porque cada um foi enviado
como um guia do além.

- Sente-se tranquilamente e sinta sua respiração. Permita que qualquer pensamento, emoção ou sensação no seu corpo seja plenamente reconhecido e sentido.
- Dedique um momento a refletir sobre o poema e sobre como ele nos convida a um encontro com nossas experiências. Quais convidados você rejeita? Eles vão mesmo embora quando você fecha a porta? Quais são os efeitos de dizer "não" a convidados indesejados? O que pode ser útil quando você assume uma postura mais acolhedora? Observe qualquer tensão ou incômodo que surgir com a ideia de ser mais acolhedor. Pense em todas as ocasiões em que experiências difíceis trouxeram crescimento e força.
- Desapegue-se do pensamento e permita que sua atenção repouse nas sensações da respiração. Deixe que tudo que se agitou comece a se acomodar enquanto você fica imóvel.
- Experimente uma atitude de aceitação quando, ao longo do dia, encontrar visitantes.

37. Um leve sorriso

🕐 5 minutos

Em geral, podemos detectar a não aceitação como tensão, incômodo ou apertos no nosso corpo. Ao mesmo tempo, nosso corpo se retroalimenta e se comunica com nosso cérebro, afetando pensamentos e emoções. Por causa dessa interação, trabalhar diretamente com nosso corpo pode desencadear um efeito profundo em como pensamos e nos sentimos. Nesta prática, usamos um leve sorriso para ajudar a cultivar uma atitude de aceitação.

- Encontre um lugar que pareça confortável e sente-se com a coluna ereta e relaxada. Deixe as mãos apoiadas no colo e permita que seus olhos se fechem com suavidade.
- Comece prestando atenção às sensações da respiração, onde quer que você a sinta com mais clareza. Siga cuidadosamente as sensações da respiração enquanto permite que o ar simplesmente entre e saia dos seus pulmões.
- Se perceber que sua atenção não está mais na respiração, traga-a gentilmente de volta, sem julgamentos ou críticas.
- A seguir, coloque um leve e gentil sorriso em seu rosto. Permita que sua face relaxe e convide as laterais da sua boca a voltarem-se levemente para cima.
- Deixe os olhos suaves e continue a respirar com o leve e gentil sorriso nos lábios.
- À medida que respira com esse leve sorriso, permita que sua consciência se expanda para todo seu corpo. Perceba qualquer sensação que apareça nele.
- Conforme esta prática chega ao fim, saiba que você pode retornar ao leve sorriso para promover aceitação e tranquilidade na sua vida.

38. Trocando de marcha

🕐 3 minutos

Outra maneira de promover a aceitação é passar da "mente que faz" para a "mente que é". Nós usamos a "mente que faz" para realizar tarefas e resolver problemas no mundo externo, mas, quando aplicamos a "mente que faz" à nossa experiência interna, ela falha, e a tendência é nos sentirmos piores. A "mente que é" tem a ver com estar presente nas nossas experiências, mesmo nas dolorosas, em vez de correr automaticamente para fazer algo a respeito daquilo. Esse modo mental promove a aceitação e pode neutralizar a ruminação, a autoculpa e a reatividade. Na MBCT, o espaço de respiração de três minutos é usado para identificarmos nosso modo mental e, se necessário, trocarmos de marcha. Tente usar esta prática várias vezes ao dia, em intervalos regulares, e veja o que acontece. Você verá outras versões do espaço de respiração de três minutos mais adiante neste livro.

- Comece adotando uma postura que seja ereta e desperta. Permita que esta postura seja um sinal de chegada no momento presente.
- No primeiro passo do espaço de respiração, dedique um minuto a voltar sua atenção para dentro de si, notando sua experiência neste momento.
- Tome consciência do seu corpo e perceba qualquer sensação. Torne-se ciente de como seu corpo se sente, sem lutar para mudar nada. Perceba quaisquer emoções. Veja se consegue notar algum pensamento passando pela sua mente. Sem afastar e sem elaborar qualquer pensamento, rotule com suavidade cada um deles: "Pensamento sobre o futuro", "Pensamento sobre o passado", e assim por diante. Depois de fazer um balanço da sua experiência, você pode dizer a si mesmo: "Ok, é assim que estou agora".
- No segundo passo do espaço de respiração, dedique um minuto a se concentrar nela. Sinta a sensação do ar entrando

e saindo. Deixe outras experiências desaparecerem em um segundo plano.

- No terceiro passo do espaço de respiração, dedique um minuto a expandir a atenção para todo seu corpo. Respire de forma consciente e atente-se a qualquer sensação ou experiência que surja.
- Veja se consegue manter uma consciência aberta e ampla. Tente trazer essa consciência para o seu dia.

39. Diga sim

🕐 10 minutos

A relutância em lidar com pensamentos, emoções ou sensações difíceis pode ser um gatilho para padrões de autocrítica que podem nos fazer sentir ainda piores do que já estamos. A aceitação pode interromper esses velhos padrões e permitir que criemos novos. No livro *Aceitação radical*, Tara Brach descreve essa prática como "dizer sim" ao momento. Ela diz: "Há algo maravilhosamente ousado e libertador em dizer sim a toda nossa vida imperfeita e confusa". Neste exercício, vamos praticar exatamente isso.

- Comece esta meditação sentando-se em um lugar confortável. Deixe a coluna ereta e relaxada. Seus olhos podem se fechar suavemente ou você pode olhar para baixo com tranquilidade.
- Concentre-se nas sensações da respiração. Sinta-a nas narinas, no peito ou no abdômen, onde ela for mais evidente para você.
- Siga suavemente a duração das inspirações e expirações.

A aceitação | 85

- À medida que se tornar ciente de outras experiências, tente praticar dizer "sim" — para um pensamento crítico, para a dormência no pé ou até mesmo para a sensação de ansiedade no seu peito. Assim que reconhecer a experiência, dedique um momento a observá-la e deixá-la ir, então retorne à respiração.
- Mesmo que isso pareça artificial no início, veja se consegue trazer um sentido de abertura e aceitação a todas as experiências que se apresentarem.
- Continue a respirar e, a cada vez que sua atenção se desviar, perceba o momento com suavidade e gentileza e diga "sim".
- Conforme a meditação termina, dedique um momento a refletir sobre a prática de dizer "sim". Dizer "sim" não significa que você precisa gostar daquilo. Significa simplesmente que você escolheu reconhecer aquela coisa como ela é, antes de resolver como vai responder ou ainda se vai responder.

40. Explore a dificuldade

🕐 10 minutos

Ao observarmos de perto, começamos a ver que muitos dos nossos velhos padrões vêm de um lugar de autoproteção. Eles foram úteis em algum momento. Mesmo assim, com o reconhecimento de que nossas antigas estratégias de anulação e supressão não funcionam mais, podemos começar a experimentar um novo modo de estar com as dificuldades. Mudar para um novo padrão exige prática. O exercício a seguir pode nos ajudar a lidar com situações difíceis de aceitar. Em vez de rejeitar a dificuldade, vamos explorá-la. Talvez haja um conflito ou um aborrecimento que continua voltando para você? Concentre-se nisso enquanto faz o exercício.

- No momento em que não estiver muito chateado, encontre um lugar confortável para se sentar, onde você possa estar alerta e desperto.
- Dedique alguns instantes a sentir seu corpo acomodado, neste momento. Perceba os pontos de contato nos quais seu corpo encontra a superfície na qual você está sentado. Pode ser uma cadeira ou um sofá.
- Comece a voltar sua atenção para as sensações da respiração. Sinta toda a extensão da inspiração e toda a extensão da expiração. Siga a respiração até se sentir acomodado.
- Traga à sua mente uma situação que o incomoda, uma que seja difícil de aceitar. Reconheça os fatos da situação e permita que ela fique ali por um momento.
- Volte a atenção para seu corpo e comece a fazer uma análise, com suavidade, para ver se pode detectar qualquer sensação de tensão, fixação ou aperto.
- Passe algum tempo respirando com as sensações que perceber. Envie a respiração para dentro e para fora da região de maior intensidade. Como gesto de aceitação e permissão, você pode dizer: "Está tudo bem. Já está aqui. Deixe-me estar com isso".
- Veja se você consegue permanecer com as sensações no corpo, em vez de ser puxado de volta para as histórias da sua mente. Enquanto inspira e expira quaisquer sensações que encontrar, mentalize as palavras "suavidade" e "aceitação" ao mesmo tempo que expira. (O objetivo disso não é mudar alguma coisa, mas ajudá-lo a estar mais presente com sua dificuldade.)

- Depois de um tempo, desapegue-se da dificuldade e guie sua atenção de volta à respiração. Permita que ela o ancore no momento. Siga as sensações cuidadosamente enquanto seu corpo inspira e expira.
- À medida que a prática chegar ao fim, parabenize-se pela disponibilidade de permanecer dessa maneira com a dificuldade.

41. Meditação na montanha

🕐 10 minutos

A aceitação nos oferece a possibilidade de ver a nuvem sombria da depressão — a fadiga, a perda de interesse e a tristeza — com menos reatividade. No meio da tempestade, a aceitação nos ajuda a ver que, apesar das nossas previsões, o tempo vai mudar e a tempestade passará. A montanha tem muito a nos ensinar sobre como enfrentar tempestades com firmeza e equanimidade. Experimente esta prática quando estiver se sentindo relativamente tranquilo. Depois de um tempo, você pode aproveitá-la em épocas de tumulto.

- Comece sentando-se em uma posição ereta e confortável. Se conseguir, sente-se no chão, com as pernas cruzadas, ou pode se sentar em uma cadeira.
- Passe algum tempo sentindo seu corpo acomodado ali. Note os pontos de contato ou de pressão onde seu corpo é sustentado pela terra. Sinta também a parte elevada do corpo, na posição sentada.
- Perceba qualquer área de tensão e tente relaxá-la o máximo que puder. Faça algumas respirações profundas

e acomode-se no momento. Permita que os pensamentos e as preocupações do dia desapareçam em sua mente, deixando-os em segundo plano.

- Traga à sua mente a imagem de uma montanha. Pode ser uma montanha que você já viu ou uma imaginária. Dedique alguns momentos a observar essa montanha — a base, que encontra o restante da paisagem, e o cume lá no alto. Observe quão maciça, imóvel e majestosa ela é.
- Quando sentir que está pronto, veja se consegue trazer a montanha para dentro do seu próprio corpo, para que seu corpo seja a montanha. Você é a montanha, compartilha com ela a mesma grandeza e imobilidade.
- Enquanto está sentado ali, tome consciência de como, dia após dia, o sol nasce e se põe na montanha. O dia se torna noite e a noite se torna dia, e a montanha permanece estável e calma.
- No verão, o sol bate no seu corpo montanhoso, quente e seco. No outono, a montanha ganha as cores vibrantes das folhas das árvores. No inverno, ela é coberta de neve ou fica encharcada de chuva congelante. Na primavera, a nova vida emerge lentamente. Em cada estação, a montanha permanece inalterada em seu núcleo.
- Talvez as pessoas venham ver a montanha. Algumas comentam sobre como ela é imponente e bela; outras notam como ela é imutável em sua majestade. Perceba como a presença e o esplendor da montanha não são afetados pelo modo como as pessoas a veem.
- Na meditação, podemos aprender com a montanha. Passamos a incorporar a mesma sensação de imobilidade inabalável. Assim como a montanha, nossas experiências interiores e exteriores estão mudando constantemente.

Temos nossos próprios períodos de luz e de escuridão, de tempestade e de céu azul.

- Conforme a prática termina, dedique um momento a pensar em como podemos aprender a lidar sabiamente com o clima da nossa própria vida. Talvez possamos aprender a encarar as mudanças climáticas das nossas experiências de forma menos pessoal, vendo sua natureza sempre mutável e, talvez, alcançar uma profunda quietude, tranquilidade e sabedoria.

42. Autoaceitação

🕐 10 minutos

Às vezes, ficamos presos em um ciclo de esforço, comparação ou de tentativas de resolver os problemas da nossa realidade presente. Ficamos preocupados com ser melhores ou obter mais sucesso. Com a autoaceitação, aprendemos a partir de um lugar de completude, não de deficiência. Como diz o psicólogo Carl Rogers: "O paradoxo curioso é que, quando me aceito como sou, eu mudo".

- Encontre uma posição na qual você se sinta confortável e cômodo. Perceba as sensações que surgem enquanto mantém-se sentado.
- Faça algumas respirações profundas para ajudá-lo a chegar a este momento. Depois, permita que a respiração volte ao ritmo natural. Deixe a respiração ancorá-lo no momento presente.
- Quando se sentir acomodado, traga à mente algum aspecto da sua personalidade pelo qual você se culpou ou algum

erro pelo qual se criticou duramente nos últimos tempos. Dedique um momento a permitir que essa inadequação percebida se estabeleça na sua mente. Perceba quaisquer emoções que surjam. Você pode nomeá-las.

- Veja se pode localizar essas emoções em algum lugar do seu corpo. Faça uma varredura nele, em busca de sensações de peso no peito, de aperto na garganta ou de tensão na mandíbula. Apenas permita que as sensações estejam ali, em vez de lutar contra elas.
- Perceba quanto sofrimento vem com o julgamento. Deixe-se levar pela dificuldade dessa experiência.
- Em um gesto de ternura, coloque a mão sobre o coração ou em qualquer lugar que lhe traga conforto.
- Quando estiver pronto, comece a repetir as seguintes frases para si mesmo:

> *Que eu fique em paz.*
> *Que eu seja gentil comigo mesmo.*
> *Que eu possa me aceitar como sou.*

- Continue a repetir essas frases enquanto respira. Saiba que todos nós falhamos.
- Ao terminar a prática e continuar com seu dia, retorne às frases para se reconectar com a intenção de autoaceitar-se.

43. Apenas essa respiração

🕐 5 minutos

Diante de situações dolorosas, a aceitação pode parecer assustadora. Aceitar uma situação que parece errada pode dar a impressão de que estamos desistindo. Na realidade, aceitação é simplesmente dizer: "Isso está assim agora". A palavra-chave é "agora". A aceitação só pode acontecer em cada momento. Quando tivermos dificuldade para aceitar, a respiração pode servir como nossa guia. Podemos nos concentrar em obter apenas uma respiração, e depois outra.

- Sente-se de um modo que pareça estável e também alerta. Permita que seus ombros relaxem com suavidade. Deixe o peito aberto.
- Faça algumas respirações profundas e perceba onde você sente a respiração com mais clareza.
- Permita que sua atenção se foque nesse ponto, sentindo cuidadosamente as sensações do corpo enquanto inspira e expira.
- Sempre que perceber que sua atenção não está mais na respiração, apenas identifique para onde sua mente foi, desapegue e volte para a próxima respiração.
- Comece a repetir "Só isso" enquanto inspira e "Uma respiração" enquanto expira.
- Repita isso para si mesmo durante vários minutos enquanto respira. Traga toda sua atenção para cada inspiração e para cada expiração.
- Durante os últimos momentos desta prática, deixe as frases de lado e limite-se a descansar com as sensações da respiração.
- Enquanto continua a praticar esta meditação, tente trazer essas frases para seu dia, sempre que estiver com dificuldade para estar no momento presente. Respire uma ou duas vezes, repetindo as frases para voltar-se à aceitação, e então retome seu dia.

44. Um leve sorriso em situações difíceis

🕐 5 minutos

Depois de praticar o leve sorriso na meditação, você pode começar a usá-lo em situações difíceis. Quando começar a detectar resistência em si mesmo, traga um leve sorriso ao seu rosto e, ao fazer isso, sinta sua respiração. Você pode praticar isso em qualquer interação, como um modo de ouvir de forma mais plena e aberta. Fazer o corpo adotar uma postura de aceitação pode ajudar a criar essa mesma atitude na sua mente. Lembre-se: o leve sorriso pode ser muito sutil e até mesmo indetectável, para os demais.

- Escolha uma situação que você imagina que será difícil, quando o julgamento e a não aceitação podem surgir. Defina a intenção de praticar o uso do leve sorriso a fim de cultivar a aceitação.
- Perceba quando a dificuldade começa a surgir no seu corpo ou na sua mente. Talvez você fique ciente de pensamentos negativos ou tensões no seu corpo.
- Rotule gentilmente o que estiver presente. Talvez sejam "pensamentos críticos", "irritação" ou "aperto no estômago".
- Traga um leve sorriso ao seu rosto. Permita que os músculos da face relaxem e que os cantos da boca subam bem de leve. Se estiver no meio de uma interação com outra pessoa, seu rosto pode suavizar-se de uma maneira muito sutil.
- Use a respiração como âncora enquanto continua a adotar o leve sorriso. Perceba, com uma sensação de abertura e permissão, quaisquer sentimentos que apareçam.
- Enquanto isso, dedique um momento a refletir sobre como esta prática afeta sua capacidade de deixar ser.

Palavras de encorajamento

Aceitação não é algo que fazemos uma vez e pronto. Às vezes, aceitamos alguma coisa em dado momento e precisamos aceitá-la novamente no momento seguinte. A aceitação é um caminho do qual podemos desviar e no qual podemos retroceder. Estamos em uma jornada constante para aceitar nossa vida como ela é.

Reflexão

O que você percebeu enquanto fazia essas meditações? Que aspectos da sua experiência se destacaram? Como você pode aplicar a atitude de aceitação no seu dia a dia?

Tente ser atento, e deixe as coisas seguirem seu curso natural. Então, sua mente ficará tranquila em qualquer ambiente, como um lago transparente na floresta.

Ajahn Chah, monge budista tailandês
e instrutor de meditação

5

A paciência

Não é fácil manter a paciência. Estamos acostumados à gratificação instantânea. Em geral, não parece natural deixar as coisas se desenrolarem no seu próprio tempo.

A ilusão de que sempre devemos nos sentir bem cria uma urgência de consertar as coisas. A impaciência com o desconforto nos leva a tentar controlar o ambiente, o que acaba nos deixando esgotados. As maneiras habituais com as quais enfrentamos o desconforto, a tristeza ou a incerteza "fazendo coisas" podem trazer alívio temporário, mas, se não tratarmos também da dor raiz, intensificam a angústia e perpetuam o sofrimento no longo prazo. Infelizmente, somos tão consumidos pela necessidade de nos sentirmos melhor que perdemos contato com qualquer coisa que nossas emoções possam nos oferecer a respeito de como chegar a um lugar pacífico.

A paciência é uma forma de sabedoria. Quando acessamos esse estado, podemos abandonar o senso de urgência, nos acomodar e confiar no desdobramento natural da nossa experiência. É útil saber que, no que se refere a pensamentos, emoções e sensações difíceis, apesar do que a mente racional nos diz, nada dura para sempre. No livro *Quando tudo se desfaz: Orientação para tempos difíceis*, Pema Chödrön diz que a consciência e a paciência podem nos ajudar a ver como aumentamos nossa dor e confusão. Pema diz: "É uma experiência transformadora simplesmente fazer uma pausa em vez de preencher o espaço imediatamente. Ao esperar, começamos a nos conectar com a inquietação fundamental e com a amplidão fundamental".

Pensamentos inúteis comuns
Não posso viver assim para sempre.
Alguma coisa tem de mudar.
Minha vida não está do jeito que eu quero.

45. Ondas de respiração

🕐 10 minutos

Nossa respiração pode ensinar muito sobre paciência. Podemos nos acomodar e observá-la subir e descer como as ondas do oceano. Nada além de observar e esperar. Mesmo assim, o movimento da nossa mente nos empurra adiante. Nos perdemos em pensamentos, voltamos à respiração e nos perdemos de novo. Cada experiência pode nos ensinar a ser pacientes. Como a instrutora de meditação Sharon Salzberg adverte: "Se você tiver de se livrar das distrações e começar novamente mil vezes, tudo bem. Isso não é um obstáculo para a prática — isso é a prática".

- Comece sentando-se em uma posição relaxada, com as costas eretas. Permita que seus olhos se fechem com suavidade ou baixe o olhar gentilmente.
- Dedique alguns instantes para sentir todo seu corpo sentado onde está. Traga uma consciência gentil ao corpo, do jeito que ele se encontra neste momento.
- Mude a atenção para as sensações da respiração no seu abdômen. Espere gentilmente e sinta o suave subir e descer da região. Não é necessário mudar ou controlar a respiração.
- A cada vez que perceber que sua atenção não está mais na respiração, observe gentilmente para onde ela foi. Você pode rotular o lugar em que ela está — "ah, sons" ou "ah, uma recordação". Então, com muita suavidade, guie sua atenção de volta para a respiração.
- Mude sua atenção para as sensações da respiração no peito. Permita que sua atenção fique ali enquanto sente o peito subir e descer. Siga toda a extensão da inspiração, tentando notar a curta pausa antes que o corpo expire e a pequena pausa antes que o corpo inspire.
- Quando perceber que sua mente divagou, veja se pode trazer uma sensação de gentileza e paciência ao processo de notar para onde ela foi e trazê-la de volta.
- Por fim, comece a detectar as sensações da respiração nas suas narinas. Sinta o ar frio entrando e o ar morno saindo. Veja se as sensações são sutis ou fortes, mantendo uma atenção cuidadosa enquanto espera cada respiração.
- Nos últimos instantes desta meditação, sinta a extensão total da respiração no seu corpo, do abdômen até o nariz. Permita que essa sensação venha e se vá como as ondas do oceano.

46. Uma refeição consciente

🕐 20 minutos

Na nossa pressa de fazer as coisas ou de nos sentirmos melhor, raramente dedicamos tempo a apreciar de verdade uma refeição. Por mais que saibamos que comer mais devagar pode nos ajudar a desfrutar o alimento, a nos sentir mais satisfeitos e a cuidar do nosso corpo, na correria do dia a dia não temos paciência para isso. Praticar uma alimentação atenta pode nos ajudar a trazer consciência para qualquer sensação de urgência ou estresse, para que possamos desfrutar de uma refeição consciente.

- Escolha uma refeição que você normalmente faria sem pensar, bem rápido e sem consciência. Pode ser útil fazer isso sozinho no início, e depois levar essa consciência para as refeições que você faz com outras pessoas.
- Encontre um lugar tranquilo para se sentar com sua comida, com uma mesa diante de si.
- Dedique um momento para analisar seu nível de fome. Perceba as sensações no seu estômago. Faça algumas respirações profundas com o objetivo de trazer sua atenção ao momento presente.
- Agora, dedique um momento a contemplar a comida diante de você. Examine-a cuidadosamente com os olhos. Veja-a de verdade.
- Devagar, com consciência, pegue sua comida. Dedique um momento a cheirá-la antes de levá-la devagar à boca. Permita-se mastigar com lentidão e sentir o sabor do alimento. Perceba como o gosto e a textura mudam com o passar do tempo. Veja se consegue deixar os talheres no prato entre cada mastigação.

- Enquanto come, traga toda sua consciência para os sentidos envolvidos em cada etapa do processo. Dedique tempo para ver.a comida, sentir seu gosto e seu cheiro enquanto come.
- Quando perceber que perdeu a consciência e voltou ao piloto automático, note gentilmente e guie sua atenção de volta para a comida, para vivenciar e apreciar integralmente sua refeição.
- De tempos em tempos, verifique seu nível de fome. Talvez seja hora de tomar um gole de água.
- Assim que terminar de comer, dedique alguns momentos a ficar sentado, tranquilo. Sinta o corpo e a respiração antes de continuar com seu dia.

47. Diminua o ritmo

Em geral, não conseguimos ditar o ritmo das coisas. Impacientes para que a chuva cesse ou para que nossa sorte mude, nós sofremos. Algumas coisas simplesmente não podem ser apressadas. Aprender a lidar com a dificuldade dessa verdade envolve paciência. Quando reconhecemos com coragem os limites do nosso controle e permitimos que as coisas se desenrolem no seu tempo, podemos aprender a nos sentir à vontade, mesmo que estejamos desconfortáveis. Neste exercício, nos envolveremos na prática física da desaceleração, convidando a mente a acompanhar o mesmo ritmo.

- Escolha um momento em que possa sair para caminhar por uma distância de costume. Talvez dar uma volta no quarteirão, no parque ou ir até o correio. Escolha algum lugar que pareça seguro e onde você possa se mover de maneira confortável. O objetivo é mover-se com intenção e atenção, mas da maneira como você se move pelo mundo, então sinta-se livre para adaptar este exercício às suas necessidades de mobilidade.

- Comece em pé, sentindo as sensações dos pés, das pernas e de todo seu corpo. Veja como você se sente parado ali, neste momento. Permita que seu corpo relaxe o quanto ele quiser.
- Comece a caminhar no seu ritmo natural, percebendo como você sente o movimento no corpo. Traga toda sua atenção para as sensações da caminhada.
- Se você se distrair das sensações, observe para onde sua mente foi e traga-a de volta gentilmente.
- Quando tiver completado cerca de um terço do caminho, comece a diminuir o passo levemente. Permita que seus movimentos se tornem mais deliberados e observe as sensações a cada passo. Sinta os músculos ativando e a pressão mudando de um pé para o outro.
- Se perceber qualquer sensação de urgência ou de impaciência, reconheça-a e deixe-a ir embora. A cada vez que isso acontecer, retorne sua consciência para a caminhada.
- Quando tiver completado dois terços do caminho, veja se pode diminuir ainda mais o ritmo dos seus.passos. A caminhada deve parecer muito mais lenta do que o normal. Enquanto se move, traga uma atenção cuidadosa para como você se sente ao se erguer, se mover e colocar cada pé no chão. Continue dessa forma até o fim do percurso.
- Assim que terminar sua caminhada, dedique mais um momento para ficar parado, em pé, sentindo as sensações em todo seu corpo. Pense no que surgiu quando você diminuiu o ritmo.

48. Lide com a espera

Em geral, na nossa "mente que faz", ficamos impacientes com as circunstâncias e com nós mesmos. Precisando que as coisas sejam diferentes ou que se movam com mais rapidez, perdemos contato com a riqueza do momento. Podemos ver tudo como um obstáculo. A fila do caixa, o e-mail que não foi respondido imediatamente, o casal idoso atravessando a rua devagar — tudo se transforma em um incômodo, em vez de uma oportunidade para fazer uma pausa e despertar para o momento presente.

- Para este exercício, escolha um dia ou uma situação em que você pretende praticar a espera.
- Veja se consegue ficar ciente da espera e perceba se surge alguma impaciência. Talvez seja a espera na fila do banheiro, no elevador, a espera de uma mensagem de texto, a espera para um compromisso ou para que o semáforo fique verde.
- Pare e dedique um momento a trazer uma sensação de curiosidade para como é a impaciência, sem precisar mudá-la. Sinta seu corpo, percebendo qualquer tensão. Veja se consegue detectar quais emoções estão presentes. Com cuidado, anote os pensamentos que surgirem na sua mente.
- Agora, sinta o peso dos seus pés no chão ou nos sapatos. Perceba qualquer outro lugar onde seu corpo esteja apoiado — talvez seu quadril na cadeira ou suas mãos no volante ou no colo.
- Concentre-se nas sensações da respiração. Deixe a respiração trazê-lo para o momento presente. Permita que sua "mente que faz" desapareça em segundo plano e sinta a respiração, momento a momento.

- Conforme a prática chegar ao fim, permita que a consciência da respiração continue em segundo plano enquanto você vai lentamente retornando ao seu dia.

49. Esteja com seu corpo

🕐 15 minutos

A consciência corporal é uma prática importante para cultivar a paciência. Esta é bem longa, o que dá à mente muito tempo para divagar e para questionar qual o objetivo desta prática (ah, a impaciência). Além disso, sustentar uma atenção compassiva nas nossas sensações — até nas desconfortáveis — vai contra nossa tendência de querer mudar o que é difícil, de apegar-se ao que é agradável e de desligar o que é neutro. Mas é na paciência que, em algum momento, encontramos tranquilidade.

- Encontre uma postura confortável — sentado, em pé ou deitado. Você pode usar almofadas ou outros acessórios para ficar mais à vontade. Feche os olhos ou mantenha um olhar suave.
- Dedique um momento a reconhecer a intenção de fazer uma varredura corporal: de investigar as sensações em cada área do corpo. Em vez de pensar nas sensações, veja se consegue senti-las. Enquanto segue com a consciência corporal, tudo bem se não houver sensação em uma determinada região do corpo; apenas deixe sua atenção nessa área.
- Comece sentindo a respiração no abdômen. Siga a inspiração e a expiração, e permita-se chegar ao momento presente.

- Mude a atenção para seus pés. Investigue com cuidado as sensações neles. Você pode sentir os dedos, o arco do pé e os calcanhares.
- Na sequência, sinta suas pernas. Traga consciência às sensações que surgem na pele e bem no fundo das suas pernas. Perceba qualquer formigamento, mudança de temperatura ou dormência.
- Sinta toda a área da sua.pélvis, do seu abdômen e do seu peito. Sinta a respiração e qualquer sensação de digestão, pressão ou ardência.
- Sinta suas mãos. Perceba as sensações na palma, nos dedos e no dorso delas. Preste atenção a qualquer dormência ou movimento.
- Leve sua atenção para os braços e os ombros. Sinta a superfície da pele e bem dentro dos músculos.
- Sinta o pescoço, o rosto e a cabeça. Respire com as sensações que surgem nessas regiões. Perceba qualquer calor, formigamento ou bem-estar.
- Por fim, deixe sua atenção se expandir da cabeça aos pés, até incluir seu corpo inteiro. Apenas sinta seu corpo, como quer que ele esteja neste momento. Permita que essa quietude e essa consciência o nutram.

50. O que realmente importa?

🕐 10 minutos

Na nossa impaciência, é fácil sermos capturados pela ansiedade e pela inquietação. Em vez de parar e criar um espaço para ver com clareza, fazemos o oposto: nos esforçamos ainda mais para estar em outro lugar. Mas para onde estamos correndo?

Presos nessa espiral, perdemos contato com o contexto maior. Refletir sobre nossos valores pode nos ajudar a dar um passo para trás e ver que a jornada pode ser tão proveitosa quanto o destino.

- Encontre um lugar confortável para se sentar, onde você possa se sentir alerta. Permita que seus olhos se fechem ou deixe o olhar suave.
- Entre em sintonia com as sensações da respiração. Permita que a respiração o ancore neste momento, enquanto você deixa gentilmente as experiências irem e virem em seu corpo.
- Assim que se sentir acomodado, permita que as seguintes questões entrem na sua mente:

    O que é mais importante para a minha vida?
    Qual é meu propósito em praticar a atenção plena?

- Em vez de pensar sobre essas questões, veja se consegue permitir que elas se acomodem gentilmente na sua mente. Você pode deixar que elas caiam como uma pedra lançada em um lago e flutuem lentamente pelas águas claras e geladas até alcançar o fundo.
- Se um pensamento surgir, veja se consegue simplesmente se abrir para o que quer que apareça.
- Conforme a prática chegar ao fim, dedique um momento a sentir seu corpo e sua respiração. Se não chegar a nenhuma resposta, tudo bem. Você pode tentar fazer esta meditação novamente em outro momento. Se encontrou as respostas, você pode recorrer ao que percebeu para ganhar uma nova perspectiva.

51. Na gangorra

🕐 15 minutos ✎ Caneta e papel

Às vezes, nossa vida perde o equilíbrio e, em um esforço para nos sentirmos melhor, nós exageramos ou nos fechamos completamente. Guiados pelo estresse, perdemos contato com as experiências que nos revitalizam. No entanto, com paciência, podemos fazer uma pausa para olhar dentro de nós, considerando o que realmente precisamos para cuidarmos de nós mesmos. Neste exercício de MBCT, vamos dar uma boa olhada em como passamos nosso tempo quando consideramos a gangorra que é a vida humana.

- Com caneta e papel em mãos, encontre um lugar tranquilo para refletir.
- Comece listando o que você faz em um dia comum. Dê alguns detalhes. Por exemplo, em vez de escrever simplesmente "trabalho", indique as principais atividades que você faz no ambiente profissional.
- Pense em como cada atividade afeta seu humor e sua energia. Ao lado das atividades que costumam deixá-lo para cima, coloque um N de "nutritiva". Ao lado das que tendem a drená-lo, coloque um E de "esgotadora".
- Agora, conte quantos Ns e Es há. Algumas atividades podem ser N ou E, dependendo de certos fatores, e você pode indicar isso também.
- Dedique alguns momentos a considerar as seguintes perguntas:

  Há um equilíbrio entre Ns e Es?
  Entre os Ns, há alguma atividade que você pode fazer com

mais frequência? É possível trazer mais consciência para essa atividade nutritiva?

Entre os Es, há alguma atividade que você pode fazer com menos frequência? Se não, há como administrá-la de modo que tenha menos impacto no seu humor?

Entre as atividades que podem tanto ser N quanto E, quais fatores determinam seu impacto?

É possível mudar as atividades do seu dia para cuidar melhor de si mesmo?

- Enquanto pensa nessas perguntas, veja se consegue deixar de lado a "mente que faz".

52. Contar até dez

🕐 5 minutos

Alguém já lhe disse para "contar até dez" quando está chateado? Embora fazer essa contagem não seja uma cura em si, fazer uma pausa pode interromper nossa reatividade habitual. Pode ser uma oportunidade para deixar as circunstâncias se assentarem antes de agir. Considere a pergunta feita no *Tao Te Ching*: "Você tem paciência para esperar até que a lama baixe e a água fique limpa? Consegue permanecer imóvel até que a ação correta surja por si mesma?". Quando perceber emoções fortes e o desejo de agir, tente praticar este exercício antes de fazer qualquer coisa.

- Comece sentando-se em uma posição que o deixe acomodado e atento. Feche os olhos com suavidade ou olhe calmamente para a frente.

- Dedique um momento a perceber como está se sentindo e qual desejo está experimentando. Talvez você possa rotulá-lo. "Quero escrever um e-mail zangado" ou "Quero comer aquele salgadinho". Avalie-o em uma escala de um a dez, dez sendo o desejo mais insuportavelmente forte e um sendo o mais fácil de resistir.
- Faça algumas respirações profundas e, ao fazê-lo, perceba onde sente a respiração com mais clareza. Conforme deixa a respiração voltar ao normal, comece a colocar sua atenção onde quer que ela pareça mais proeminente ou agradável. Pode ser nas narinas, no peito ou no abdômen.
- Enquanto presta atenção às sensações da respiração, conte silenciosamente: "um" enquanto inspira e "um" enquanto expira. Depois, conte "dois" enquanto inspira e "dois" enquanto expira. Continue a contagem dessa forma até alcançar o dez, depois volte até ao número um.
- Se perder a contagem, simplesmente volte um número para trás, sem julgamento. Continue a contar suas respirações. Perceba quando a mente é atraída pelo pensamento e então volte a contar.
- Quando completar esta prática, perceba como se sente e qual a força daquele desejo. Avalie-o na escala de um a dez.
- Parabenize-se por deixar a água ficar mais límpida antes de decidir como proceder.

53. Um caminho consciente

🕐 3 minutos

Todos temos modos habituais de responder a emoções difíceis. São como um caminho que percorremos pela floresta ao longo de anos de caminhada. Mas e se esse percurso não nos leva para onde queremos ir? Abrir um novo caminho exige intenção e paciência. Requer que paremos, investiguemos e ajamos com consciência. Dessa forma, podemos responder à dificuldade plenamente informados pelo momento presente, em vez de sermos levados pelo hábito.

- Quando perceber uma dificuldade no corpo ou na mente, faça uma pausa. Fique com a postura ereta, significando que está entrando na consciência do momento presente. Você pode manter os olhos abertos ou fechados. Faça algumas respirações profundas para se acalmar.
- No primeiro passo do espaço da respiração, volte sua atenção para dentro. O que está acontecendo no seu corpo? Que emoções estão presentes? Reconheça-as com gentileza e solte-as. O que está acontecendo na sua mente? Observe os pensamentos passando pela sua cabeça.
- Quando tiver uma ideia do que está ali, ainda não é necessário fazer nada. Apenas reconheça como as coisas estão.
- No segundo passo do espaço da respiração, concentre-se nela. Deixe as coisas serem como são enquanto segue uma respiração depois da outra.
- No terceiro passo do espaço da respiração, expanda sua atenção. Sinta todo seu corpo na plenitude do momento. Dedique um momento a estar com sua experiência, ciente das sensações no seu corpo e na sua respiração. Permita que toda a experiência seja realizada em uma consciência mais suave e expansiva.
- Conforme a prática chegar ao final, dedique um momento a pensar em como proceder. Você pode se concentrar na respiração, fazer algum movimento consciente ou escrever

pensamentos insistentes. Veja se consegue fazer com que suas próximas ações venham de um lugar de resposta em vez de reação.

54. Conversa consciente

🕑 5 minutos ou o tempo necessário

Como seres sociais, nossa necessidade de conexão, aceitação e compreensão é uma força poderosa. Ao mesmo tempo, não podemos controlar as outras pessoas. Pegos nessa tensão, nós cultivamos a atenção plena e a paciência para que possamos abordar nossos relacionamentos — e interações desafiadoras — com mais facilidade e graça. Como Thich Nhat Hanh observou: "O presente mais precioso que podemos oferecer aos demais é nossa presença. Quando nossa atenção plena abraça aqueles que amamos, eles florescem".

- Escolha uma interação que se beneficiaria de uma consciência maior. De antemão, encontre um momento para refletir sobre sua intenção de trazer paciência e consciência a essa interação.
- Dedique alguns momentos antes da interação a estar consciente. Comece sentindo seu corpo apoiado na superfície em que está sentado. Se notar uma tensão óbvia, veja se consegue relaxar seu corpo gentilmente.
- Reúna sua atenção e sinta as sensações da respiração. Faça algumas respirações profundas e lembre-se de que elas estão com você em cada momento.
- Quando começar a interação, veja se consegue manter em segundo plano a consciência gentil da sua respiração

e do seu corpo. É como se você dedicasse três quartos da sua atenção para falar e ouvir e o restante a sentir a respiração e o corpo.

- Enquanto está ouvindo, se perceber o surgimento da impaciência, veja se pode diminuir o ritmo ou fazer uma pausa. Concentre mais da sua atenção nas sensações da respiração e faça algumas respirações profundas para acalmar a mente enquanto volta a ouvir.
- Enquanto fala, se perceber que está tenso, pressionado ou irritado, veja se pode diminuir o ritmo ou fazer uma pausa. Dedique um momento a fazer uma análise corporal rápida. Perceba qualquer ansiedade ou tensão e relaxe gentilmente o máximo que puder. Experimente diminuir o ritmo da fala e veja como isso afeta a interação.
- Se ficar aborrecido demais para manter a consciência, veja se há um jeito pacífico de deixar a conversa.
- Dedique alguns momentos para perceber as sensações do corpo e da respiração enquanto expande sua atenção para todo o espaço ao seu redor e segue com seu dia.

55. Traçando uma nova rota

🕐 5 minutos

Imagine como é fazer um novo caminho do trabalho para casa, depois de fazer o mesmo percurso durante anos. Exige paciência, intenção e, provavelmente, algumas intercorrências para seguir a nova rota. É preciso paciência e intenção para redirecionar padrões habituais. A cada vez que saímos do caminho, se fizermos uma pausa e trouxermos consciência para nossa experiência, podemos mudar lentamente a direção e alcançar um maior entendimento e crescimento. Experimente este exercício quando se sentir inclinado a reagir do jeito antigo e habitual.

- Acomode-se em uma postura confortável e alerta, permitindo que seus olhos se fechem com suavidade. Dedique um momento a reconhecer o que o está atraindo para a reação habitual.
- Passe a notar as sensações no corpo enquanto está sentado e perceba qualquer tensão ou contração. Observe os pensamentos que passam pela sua mente. Não é necessário envolver-se no enredo. Apenas rotule cada um deles; "pensamentos autocríticos" ou "pensamentos agradáveis", por exemplo. Veja se consegue observar emoções e anote-as com cuidado, sem qualquer intenção de mudá-las.
- Durante algumas respirações, preste atenção às sensações do ar entrando e saindo. Faça uma inspiração natural e, ao expirar, diga "paciência".
- Veja se consegue permitir que sua experiência seja como é. Durante dois ou três minutos, inspire normalmente e, ao expirar, repita "paciência".
- Se achar que foi atraído por algum pensamento ou alguma distração, desapegue-se gentilmente e volte a sentir a respiração. Inspire e expire enquanto diz "paciência", esperando que o desejo passe.
- Quando essa prática finalmente chegar ao fim, reconheça quaisquer pensamentos, emoções ou então sensações remanescentes.
- Enquanto segue com seu dia, dedique um momento a sentir a respiração e expire dizendo "paciência" quando sentir a atração familiar dos velhos padrões.

56. Cercado de amor

🕐 10 minutos

A impaciência é uma batalha contra nossas circunstâncias internas e externas. Nesse transe, percebemos algo insuficiente sobre nós mesmos, nossa vida ou nosso momento presente. Presos nessa luta, perdemos de vista a integridade e a força que temos. Use esta prática para se reconectar com sua bondade essencial.

- Sente-se de maneira confortável e deixe os olhos fechados ou olhe suavemente para o chão. Dedique um minuto a sentir o corpo respirando e permita que os pensamentos desapareçam em segundo plano.
- Quando estiver pronto, traga à mente as pessoas, deste momento e do passado, que realmente gostam e se importam com você. Podem ser professores, animais de estimação, amigos, filhos, mentores ou outros entes queridos. Permita-se vê-los com os olhos da mente.
- Dedique alguns momentos a refletir sobre a atenção, a gentileza e a consideração positiva que você recebeu de cada um deles. Imagine-se cercado por esses seres, recebendo todo amor e bênçãos. Sinta o carinho deles.
- Enquanto experimenta essas sensações, repita silenciosamente frases que reflitam esse amor e carinho dos demais. Permita que as frases sejam suas, algo como "Que eu seja feliz", "Que eu me livre do mal", "Que eu viva com tranquilidade".
- Veja se é possível ficar aberto para receber esses desejos. Permita que eles lhe permeiem e entrem em você completamente.

- Perceba com gentileza qualquer coisa que surgir enquanto envia para si mesmo esses bons pensamentos e esse carinho que recebeu dos outros.
- Quando a prática chegar ao fim, sinta todo o comprimento e toda a largura do seu corpo. Reconheça que você é digno de amor exatamente como é.

Palavras de encorajamento

A paciência pode parecer passageira. Temos paciência em um momento e, no seguinte, ela se foi. Todo momento em que praticamos a paciência, estamos abrindo espaço para um novo caminho de aceitação e paz. Quando os arbustos parecerem especialmente espinhosos, lembre-se de que toda experiência dolorosa que pensamos que duraria para sempre terminou em algum momento.

Reflexão

O que você notou enquanto fazia essas meditações? Que aspectos da sua experiência se destacaram? Como pode aplicar a atitude de paciência no seu dia a dia?

Quando nos sentamos, muitos pensamentos e ideias
aparecem. Observar gentilmente o que está acontecendo
e, então, voltar à respiração é um reconhecimento
de que você confia no processo de ser.

Noah Lampert, escritor,
músico e apresentador de podcast

6

A confiança

A experiência da depressão pode plantar sementes profundas de medo e insegurança. Em meio a essa experiência, nossas formas usuais de enfrentamento podem falhar e aumentar nosso sofrimento. Durante esses momentos, é fácil nos sentirmos desesperados e perdermos a confiança em nós mesmos. Quanto mais rodamos, mais nos esquecemos da nossa própria força e bondade. Podemos até mesmo concluir que o problema somos nós (não é!). Vivendo nas nossas mentes, nos tornamos estranhos ao momento presente e a nós mesmos.

Ainda assim, o alívio pode vir quando buscamos orientação dentro de nós mesmos. A confiança vem quando encontramos nosso caminho por meio da conversa mental para que possamos nos conectar com nossa resiliência e nossa própria sabedoria inerente. No momento presente, sem julgamentos, podemos desenvolver a capacidade de estar com a dificuldade em corpo e mente. Enquanto aprendemos a lidar com a reatividade, podemos desenvolver pouco a pouco uma relação mais íntima e mais confiante conosco. Tristeza, medo e dor física podem nos despertar e nos aproximar de nós mesmos.

À medida que construímos a confiança em nós mesmos, podemos cada vez mais depender da nossa intuição e dos nossos recursos internos para obter consolo. Essa capacidade de confiar em nós mesmos nos permite desenvolver relacionamentos mais confiáveis com os outros, fundamentados em uma base sólida.

Pensamentos inúteis comuns
Deve haver algo errado comigo.
Sou tão fraco.
Não consigo arrumar as coisas.

57. Um dia novo em folha (Minimeditação)

Ao acordar de manhã, dedique um momento para refletir sobre suas intenções para aquele dia. Em vez de estabelecer um objetivo, pense em como você gostaria que aquele dia fosse. "Que eu esteja consciente e tranquilo." "Que eu aja com compaixão para comigo mesmo e para com os demais." O que quer que você escolha, recite sua intenção em silêncio, confiando em si para enfrentar, com sua consciência, o que quer que aquele dia lhe ofereça.

58. Aprenda com a respiração

🕐 5 minutos

Quando há incerteza, em geral tentamos pensar e raciocinar para nos sentirmos seguros. Na realidade, essa abordagem normalmente alimenta uma ruminação prejudicial. Com a atenção plena, podemos nos desapegar do enredo e construir a confiança de dentro para fora. À medida que cultivamos a paciência e a compaixão necessárias para permanecer no momento presente, podemos aprender com nossa respiração que cada inspiração e expiração são oportunidades para voltarmos a nós mesmos. Podemos começar a confiar em nós mesmos, sem precisar criar uma falsa sensação de segurança por meio do pensamento.

- Comece esta prática sentando-se com uma postura que lhe permita se sentir confortável e atento ao momento presente. Deixe os ombros relaxarem gentilmente, mantenha seu peito aberto e feche os olhos.
- Dedique um momento a sentir seu corpo apoiado na terra. Reúna sua atenção gentilmente e leve-a até este momento, para sentir seu corpo sentado.
- À medida que presta atenção no seu corpo, você se tornará ciente do fato de que está respirando. Entre em sintonia com sua respiração onde quer que ela esteja mais clara ou mais confortável. Experimente simplesmente permitir que o ar entre e saia, sem intervenção.
- Continue seguindo com a respiração. Perceba a breve pausa no fim de cada inspiração, antes que o corpo expire, e a breve pausa no fim de cada expiração, antes que o corpo inspire. Observe atentamente esses momentos e perceba como o corpo faz tudo isso sozinho.
- Se perceber que sua mente foi atraída por algum pensamento sobre a respiração, o futuro ou o passado, veja se consegue desapegar-se com suavidade e voltar a sentir a próxima inspiração e expiração.

- Saiba que você sempre pode começar de novo, com uma nova inspiração e uma nova expiração. Veja se consegue relaxar enquanto percebe o ar entrando e saindo.
- Conforme a prática chega ao fim, dedique um momento para apreciar como a respiração está sempre ali para ajudar a nos desvencilhar da mente pensante.

59. Seja amigo do seu corpo

🕐 10 minutos

Temos a tendência de ficar cientes do nosso corpo só quando alguma coisa está "errada": sentimos o coração acelerado em momentos de ansiedade ou as costas doendo depois de uma lesão, mas perdemos tudo que nosso corpo faz de "certo". Sem precisarmos fazer nada, nossos pulmões respiram, nosso coração bate e nosso cérebro faz o mundo ter sentido. Uma maior consciência do nosso corpo, em todos os níveis, pode ser curativa. Como diz a escritora Mirka Knaster: "Conectar-nos com nossos corpos é aprender a confiar em nós mesmos, e daí vem o poder".

- Sente-se em um lugar confortável, onde você possa estar atento ao momento presente. Permita que seus olhos se fechem com suavidade ou olhe devagar para o chão.
- Respire profundamente algumas vezes antes de retornar ao ritmo natural.
- Dedique alguns minutos para sentir as sensações da respiração, onde quer que você a sinta com mais clareza. Com cuidado, preste atenção à extensão total da inspiração e da expiração.

- Saiba que é completamente normal que sua mente divague. Quando isso acontecer, gentilmente observe seus pensamentos e guie sua atenção de volta à respiração.
- Agora, expanda a consciência ao redor da respiração e sinta todo seu corpo sentado ali. Veja se consegue preencher o corpo com consciência e respiração. Com gentileza, observe todo o jogo de sensações enquanto seu corpo respira.
- Se alguma sensação aparecer e chamar sua atenção, dedique um momento a investigá-la. Traga toda sua atenção para a sensação e perceba sua qualidade — suas arestas, sua intensidade e sua dissipação. Use a respiração para aliviar qualquer desconforto que possa detectar. Tente enfrentar essa intensidade com interesse e cuidado.
- Quando sensações específicas não chamarem mais sua atenção, relaxe gentilmente e expanda a consciência de volta para o corpo todo. Veja se pode manter seu corpo em uma consciência calorosa e paciente, apreciando-o em toda sua complexidade.
- Quando esta prática terminar, dedique um momento a ancorar novamente sua atenção na respiração antes de expandir sua consciência para o espaço ao redor.

60. Folhas flutuando por aí

🕐 10 minutos ✏️ Caneta e papel

A dúvida mina a confiança em nós mesmos. Quando observamos de perto, vemos que pensar demais quase nunca é a resposta para nossas inseguranças — ruminar as dúvidas serve apenas para alimentá-las. Em vez disso, precisamos cavar fundo. Quando trabalhamos para construir a confiança de dentro para fora, podemos acessar uma sensação profunda de estabilidade que constrói a autoconfiança abaixo do nível do pensamento. O ato de largar o enredo e acessar a sabedoria que está por trás exige um salto de fé. Eis um modo de começar.

- Sente-se em um lugar que pareça estável e confortável. Permita que seus olhos se fechem ou deixe seu olhar repousar com suavidade no que está diante de você.
- Comece sentindo sua postura sentada. Perceba onde seu corpo é sustentado pela superfície na qual você se sentou. Deixe-se chegar a este momento.
- Passe alguns minutos sentindo a sensação da respiração. Permita que sua atenção descanse onde quer que sua respiração pareça mais clara. Por enquanto, apenas perceba quando um pensamento aparecer, rotulando-o gentilmente como "pensamento", e então volte à respiração.
- Agora, mude sua atenção para propositalmente ficar ciente dos seus pensamentos. Imagine que está sentado à beira de um rio. Veja se consegue notar cada pensamento que surge, registre-o em uma folha e permita que ela flutue por aí.
- Se sua mente for capturada pelo enredo, veja se consegue se desapegar e volte a notar seus pensamentos. Retorne para a beira do rio. Independentemente de que pensamentos sejam — entusiasmados ou críticos —, registre cada um deles em uma folha e permita que continuem seu caminho na correnteza. Se alguma carga emocional ou sensação física acompanhar o pensamento, anote-a gentilmente antes de deixá-la ir.
- Por fim, dedique alguns minutos a se desapegar dos pensamentos e a focar na respiração. Siga as sensações enquanto o ar entra e sai.

- Conforme esta prática chega ao fim, reconheça seus esforços. Saiba que, mesmo que você tenha se perdido um pensamento ou tenha sido puxado pela correnteza de emoções, esta prática de percepção está fortalecendo sua capacidade de confiar na sua consciência.

61. Abra-se para o fluxo

🕐 10 minutos

Sem a distância que a consciência traz, somos puxados como um ímã para quaisquer pensamentos, emoções ou desejos que apareçam. Quando isso acontece, perdemos a capacidade de ver com clareza e de escolher respostas que estejam alinhadas com nossos mais profundos valores. A confiança em nós mesmos é erodida. Quanto mais nos abrimos ao fluxo natural das nossas experiências — incluindo padrões de dúvida, separação e indignidade —, mais ganhamos espaço para levar tudo um pouco menos para o lado pessoal e agir com intenção.

- Encontre uma postura que seja confortável, com a coluna ereta. Permita que seus olhos se fechem ou lance o olhar com suavidade para a frente.
- Dedique um momento a entrar em sintonia com as sensações de estar sentado ali. Sinta seu corpo descansar na cadeira ou no sofá. Chegue ao momento presente.
- Durante alguns minutos, volte sua atenção para as sensações da respiração. Siga cuidadosamente essas sensações enquanto seu corpo inspira e expira.
- Quando estiver pronto, permita que a respiração desapareça em segundo plano, expandindo sua consciência para

incluir todo o momento. Abra-se para todas as experiências conforme elas entram e saem da sua consciência.

- Se surgirem sons, perceba-os com gentileza. Se pensamentos surgirem, rotule-os como "pensamentos". A cada vez, desapegue-se com suavidade e retorne ao momento presente.
- Se ficar preso em um aspecto da sua experiência, deixe-o ir gentilmente e relaxe novamente de forma consciente. Relaxe com o fluxo natural da experiência.
- Perceba cada experiência que surgir, sem julgamentos. Não é necessário mantê-la nem mandá-la embora.
- Durante os últimos momentos desta prática, permita que sua atenção retorne para a respiração. O que quer que você tenha percebido durante a prática, parabenize-se pelos esforços de se abrir para o fluxo.

62. Movimento momento a momento

🕐 10 minutos

Um lugar importante para cultivarmos a confiança é dentro do nosso corpo. Quando estamos conectados, o conhecemos mais, o que pode nos ajudar a cuidar de nós mesmos. Afinal, você conhece sua experiência melhor do que ninguém. Mas quando nos distraímos com pensamentos depressivos ou somos guiados pela aversão, de maneira geral, procuramos fora de nós mesmos um insight que só pode ser encontrado no nosso interior. Nesta prática, observaremos a experiência do movimento momento a momento. Em contato com nosso corpo, podemos aprender a confiar na nossa força interior e a honrar nossos limites.

- Comece esta prática em um lugar onde você tenha espaço para se espalhar. Escolha roupas confortáveis para vestir. Você pode usar um tapete de ioga como apoio. Embora haja instruções para cada movimento, tente olhar para dentro de si e saber o que está disponível no seu corpo individual. A intenção é respirar e mover-se com consciência, sempre que seja confortável para você.

- Se for possível e confortável, comece deitado de costas em um tapete ou em uma superfície macia. Permita que seus braços e suas pernas fiquem esticados e que seus olhos se fechem com suavidade. Sinta todo seu corpo deitado ali.

- Permita que seus pés descansem no tapete, com os joelhos apontados para cima. Seus braços podem estar esticados ao longo do corpo. Na próxima inspiração, arqueie a lombar levemente, de modo a afastá-la do chão, apontando a pélvis para cima. Faça esse movimento gentil durante algumas respirações, apenas notando como você o sente.

- Agora, com vagarosidade, traga seus joelhos em direção ao peito e, se possível, segure-os com as mãos. Veja que sensação isso cria e permita-se qualquer movimento que lhe pareça certo.

- Solte a perna esquerda e estique-a no tapete, ou coloque o pé esquerdo no chão com o joelho dobrado. Com a perna esquerda dobrada ou estendida, aperte gentilmente o joelho direito contra o peito.

- Com consciência, inverta as pernas e abrace com suavidade o joelho esquerdo.

- Agora, coloque os dois pés no chão e deixe os joelhos dobrados e os braços abertos. Lentamente, permita que seus joelhos caiam para o lado direito e, se for possível e confortável, vire devagar a cabeça para a esquerda.

- Traga os joelhos novamente para o centro e permita que eles caiam para a esquerda enquanto você olha devagar para o lado direito.
- Permita que seus joelhos voltem mais uma vez ao centro, e então deixe suas pernas estendidas e os braços ao longo do corpo com a palma da mão voltada para cima.
- Conforme esta prática termina, dedique um momento a descansar ali, imóvel, notando as sensações do seu corpo. Tome cuidado ao apoiar o corpo com os braços quando for se sentar.

63. Nosso lugar na natureza

🕒 10 minutos

No auge de emoções fortes e de pensamentos insistentes, podemos facilmente começar a nos sentir rejeitados e deficientes. Arrebatados pelo nosso sofrimento, perdemos de vista a humanidade que compartilhamos com os demais e perdemos nossa conexão com a terra. Esquecemos que somos parte de algo muito maior e mais sábio do que nossa limitada mente pensante. Algo tão simples como sair ao ar livre pode mudar nossa perspectiva e nos fazer pertencer a um mundo mais amplo.

- Encontre um tempo para estar ao ar livre por alguns minutos. Escolha um lugar onde possa caminhar e apreciar um pouco da natureza, como uma árvore, um riacho, plantas ou grama.
- Comece esta prática fazendo algumas respirações profundas para ajudá-lo a chegar ao momento presente. Então, comece a caminhar devagar. Enquanto anda, sintonize

seus sentidos e olhe ao redor. Tente relaxar e simplesmente observar cores, texturas, luzes e formas. Talvez você possa perceber odores e sons que chegam enquanto você observa o ambiente.

- Se perceber que foi levado a pensar, rotular ou julgar, desapegue-se desse pensamento e tente voltar a sentir diretamente a natureza.
- Com cuidado, tente sintonizar sua experiência do momento com curiosidade, prestando muita atenção aos detalhes. Traga uma noção de mente de principiante enquanto adentra o mundo natural.
- Enquanto a caminha, pense que a natureza se desenvolve por conta própria. Sem que tenhamos de fazer nada, as estações chegam, as flores se abrem, a água flui e as marés mudam.
- Ao completar esta prática, dedique um momento a sentir o ar na pele e saiba que você tem um lugar na natureza.

64. Mente sensata

ⓘ 10 minutos

Todos possuímos um senso de sabedoria e intuição. Mesmo se não o acessamos por um bom tempo, ele está ali, como a água no fundo de um poço abandonado. Ao encontrarmos o equilíbrio entre nossa "mente que faz" e nossa "mente que é", começamos a nos reconectar com nossa própria mente sensata. A meditação a seguir é pensada para ajudá-lo nesse processo. Você pode tentar praticá-la quando estiver com dificuldades para confiar em si mesmo. Comece usando-a em algo levemente desafiador antes de usufruir em situações mais intensas.

- Comece encontrando um lugar tranquilo para se sentar. Permita que seu corpo fique bem acomodado e a coluna ereta, com uma sensação de tranquilidade. Você pode fechar os olhos ou lançar o olhar gentilmente para a frente.
- Comece sentindo seu corpo sentado ali. Perceba onde ele está apoiado na superfície na qual você está sentado e sinta-o se erguer como uma árvore com raízes profundas ou como uma montanha.
- Agora, comece a perceber o fato de que você está respirando.
- Quando inspirar fundo, note as sensações da respiração entrando. Quando expirar, permita que sua atenção desça da cabeça para o centro do corpo, talvez na região do plexo solar. Deixe sua atenção descer a partir da cabeça a fim de preencher todo seu corpo. Continue a respirar dessa forma até sentir sua atenção estabelecida no seu centro.
- Mantenha sua atenção nessa região enquanto respira normalmente. Inspire e faça à mente sensata uma pergunta como "O que devo fazer?" Expire e escute a resposta. Continue assim por um tempo. Em vez de dizer a si mesmo a resposta, espere ela surgir. Se nada se tornar claro, pergunte novamente mais tarde.
- Quando a prática terminar, dedique alguns momentos a descansar nessa consciência equilibrada e centrada.

65. Ouça seu corpo

Ao refletir recentemente em um grupo de MBCT sobre o motivo pelo qual é útil sair do piloto automático ao longo do dia, uma paciente contou que chega em casa à noite e se sente incapaz de funcionar. Assim que ela começou a prestar mais atenção, percebeu que estava tão presa na sua mente ao longo do dia que se esquecia de fazer coisas básicas como comer e beber água. Quando ignoramos nossas necessidades, sofremos mental e fisicamente. Ao prestar mais atenção, começamos a construir confiança no nosso corpo e aprendemos a dar aquilo de que ele precisa para nos apoiar.

- Escolha um dia em que pretende fazer uma verificação do seu corpo. Se puder, programe um alarme a cada duas ou três horas para servir de apoio a este exercício.
- Quando o alarme tocar, dedique um momento a fazer uma breve varredura no seu corpo. Sinta qualquer tensão, dor ou fome. Dedique um momento a estar com essas sensações, considerando qual seria uma resposta carinhosa para aquilo que você percebe. Continue com o que estiver fazendo ou faça uma pausa e dedique-se ao autocuidado. Você pode ficar em pé e se alongar ou tomar um gole de água. Permita que suas ações sejam responsivas e compassivas.
- Veja se nota qualquer resistência a essa redução de ritmo e perceba gentilmente qualquer pensamento, julgamento ou emoção que surgir. Permita que o que quer que apareça permaneça ali enquanto você entra em contato com a intenção de desenvolver uma maior confiança e intimidade com seu corpo.
- A cada vez que o alarme tocar, veja se consegue trazer um senso de curiosidade e cuidado ao se sintonizar com seu corpo. Perceba qualquer tensão, alívio ou ainda aperto. Dedique um momento a observar tudo que percebeu e note se alguma ação apropriada se revela. Talvez seja hora de fazer uma nova tarefa, dar uma leve caminhada ou fazer um lanche.

- No fim do dia, reflita sobre o que notou enquanto verificava seu corpo. Veja como se sente. Se a prática foi útil, veja se consegue continuar com ela.

66. Além do pensamento

🕐 10 minutos

Você já ficou preso, tentando resolver um problema e só conseguiu a resposta quando finalmente deixou o assunto para lá e foi fazer outra coisa? Você foi dar uma caminhada, tomar um banho ou brincar com o cachorro e... *bam!*... Ali estava ela. Esse mesmo processo pode acontecer no que se refere a emoções difíceis. Sem um senso de confiança em nós mesmos, podemos facilmente ficar presos em um carrossel de pensamentos. Nesta prática, nós construíremos confiança à medida que encontrarmos coragem para ir além do pensamento, deixando para trás até pensamentos intermediários e permitindo que um conhecimento mais profundo aflore.

- Adote uma postura que pareça confortável, mas que ao mesmo tempo lhe permita permanecer alerta e desperto. Permita que seus olhos se fechem ou lance o olhar com suavidade em direção ao solo.
- Dedique alguns minutos a perceber as sensações de estar sentado. Note qualquer sensação de pressão ou mesmo de toque onde seu corpo encontra a superfície na qual você está sentado. Sinta onde suas mãos se apoiam nas pernas ou no colo.
- Passe um ou dois minutos observando sua respiração. Permita que ela o traga ao momento presente.

- Saiba que os pensamentos não são seus inimigos, então, por enquanto, se eles surgirem, tome nota deles com gentileza e guie sua atenção de volta à respiração.
- Agora, de propósito, permita que um problema ou uma irritação de menor importância surja na sua mente. Dedique um momento a simplesmente permitir que sua mente faça o que quiser, e perceba qualquer pensamento que aparecer.
- Inspire. E, quando expirar, deixe o pensamento de lado, de propósito, e ancore sua atenção no corpo.
- Continue sentado, sentindo seu corpo. Sempre que um pensamento surgir, tente deixá-lo de lado, pensando na inspiração e estando com o corpo na expiração. Veja se consegue respirar enquanto reconhece gentilmente qualquer sensação que apareça, sabendo como é ir além do pensamento, em direção ao sentimento.
- À medida que a prática terminar, independentemente se alguma clareza ou solução surgiu, dedique alguns momentos para se parabenizar pelos seus esforços em confiar.

67. Confiança na impermanência

🕐 3 minutos

Quando estamos em meio ao desconforto ou à incerteza, parece que as coisas nunca vão melhorar. Na meditação, à medida que observamos o desenrolar e a constante mudança da nossa experiência, aprendemos a confiar no poder de cura do tempo; nós nos tornamos mais cientes da nossa capacidade de suportar a dor. Sempre que sinto que as dificuldades vão durar para sempre, gosto de lembrar a mim mesma do seguinte cântico Pali que ouvi no meu primeiro retiro de meditação silenciosa:

Todas as coisas são impermanentes
Elas surgem, e passam
Viver em harmonia com essa verdade
Traz grande felicidade.

Podemos usar a atenção plena para nos lembrar da natureza impermanente das nossas experiências. Quando perceber uma dificuldade no seu corpo ou na sua mente, veja se consegue dedicar três minutos a fazer uma pausa e usar este exercício para lidar com essa dificuldade com consciência.

- Sinalize a entrada no momento presente trazendo seu corpo para uma postura confortável e com as costas eretas. Você pode fechar os olhos ou permitir que seu olhar desça com suavidade.
- Primeiro, dedique um minuto a voltar a atenção para seu interior e perceber sua experiência neste instante. Abandone a necessidade de fazer algo a respeito e perceba qualquer sensação, emoção ou pensamento que esteja presente. Assim que tiver um sentido da sua experiência, você pode dizer "Ok, é assim que estou agora".
- Durante um minuto, concentre-se na sua respiração para ancorar-se neste momento. Deixe pensamentos, sentimentos e emoções desaparecerem gentilmente em segundo plano enquanto traz a respiração para o centro do palco da sua consciência. Concentre-se em sentir a mudança de padrão das sensações da respiração.
- Por um minuto, expanda a atenção ao redor da sua respiração e sinta todo seu corpo sentado ali, respirando. Nessa consciência ampla, note qualquer tensão ou dificuldade remanescente à medida que elas surgem e desaparecem.

Você pode dedicar um momento a respirar focando em qualquer contração ou tensão no seu corpo. Ao expirar, diga gentilmente a si mesmo: "suavizando, abrindo". Permita que a experiência se desenrole de modo natural.

- Ao completar esta prática, veja se consegue levar essa consciência mais permissiva aos momentos seguintes do seu dia.

68. Receba a incerteza com compaixão

🕐 10 minutos

Quando encaramos o desconhecido, nossa necessidade de controle aparece e nos leva a previsões sobre o futuro ou ruminações de perdas passadas. Por outro lado, quando aceitamos que a incerteza e a dificuldade são parte inevitável da vida, podemos aprender a superar nosso medo e receber com uma postura mais firme aquilo que vem. Tara Brach nos fornece uma estrutura útil para despertar essa consciência com compaixão, em um processo chamado RAIN:

- Sente-se em uma postura confortável e alerta. Permita que seus olhos se fechem ou direcione seu olhar gentilmente para o chão.
- Sinta seu corpo acomodado no assento, percebendo quaisquer pontos de contato ou pressão.
- Passe alguns minutos seguindo as sensações da respiração. Permita que sua respiração seja como ela é.
- Traga à mente uma incerteza com a qual você luta. Pode ser uma dificuldade recorrente, como esperar notícias sobre um trabalho, ou uma luta de longa data, como o futuro de

um relacionamento. Permita que isso fique na sua mente por um momento.

- Agora, volte a atenção para seu interior e:
- **Reconheça** o que está acontecendo. Dedique alguns momentos a identificar sua experiência neste momento. Veja se pode rotular gentilmente os pensamentos, sentimentos e desejos que surgem em você.
- **Aceite** a experiência que está ali, do jeito que ela é. Veja se pode dedicar alguns momentos para perceber qualquer vontade de consertar ou mudar sua experiência, e simplesmente deixe-a de lado. Você pode até dizer para si mesmo: "Não tem problema sentir isso" ou "É assim mesmo".
- **Investigue** com interesse e carinho. Veja se pode cultivar um senso de curiosidade sobre sua experiência. Você pode se perguntar: "Qual é o aspecto que mais requer atenção?" ou "Como estou experimentando isso no meu corpo?" Com suavidade, afaste-se do pensamento e retorne à sensação do seu corpo.
- **Nutra-se** com autocompaixão. À medida que você reconhece a realidade desse sofrimento, veja se pode oferecer a si mesmo bondade e autocuidado. Você pode colocar a mão gentilmente sobre alguma sensação difícil no seu corpo ou oferecer a si mesmo uma frase de carinho como "Confie na sua bondade". Se a oferta desse carinho a si mesmo parecer desafiadora, imagine alguém de quem gosta oferecendo essa compaixão e esse amor a você.
- À medida que completar a prática RAIN, dedique uns instantes a sentir sua experiência neste momento. Reconheça que, ao estar com sua experiência dessa forma, você está abandonando uma noção limitada de si mesmo e cultivando a confiança. Saiba que você pode usar esses

passos quando tiver outras dificuldades na meditação ou quando elas surgirem na sua vida.

69. Dar e receber

🕐 10 minutos

Conquistamos autoconfiança quando vemos nossa capacidade de encarar a vida como ela é. Mais cientes e menos apegados, começamos a abandonar o hábito de procurar prazer e evitar dor. A prática tibetana de dar e receber, chamada *tonglen*, desafia esses hábitos ao nos fazer inspirar dor e sofrimento e expirar amor, bem-estar ou qualquer qualidade que seja necessária. Quando encaramos a dor dessa forma, nos tornamos guerreiros espirituais, usando nosso sofrimento pessoal para cultivar compaixão por todos que sofrem.

- Sente de forma estável e atenta. Permita que seus olhos se fechem ou lance o olhar gentilmente para o chão.
- Faça respirações profundas e deixe que seu corpo e sua mente se acalmem. Por dois minutos, mantenha seu corpo imóvel.
- Leve a mente a um espaço de dor ou dificuldade na sua vida. Talvez você tenha vivenciado sentimentos de inadequação, de falta de motivação ou de desespero.
- Inspire, focando no peso e na escuridão dessa dor. Imagine-se inspirando esse sofrimento. Você pode imaginar que está inspirando ansiedade, escuridão e peso.
- Expire, focando na calma, na felicidade e no bem-estar. Você pode imaginar que está expirando tranquilidade, luz e leveza.

- À medida que continua esta prática, inspire a dor, a negatividade e o sofrimento, e expire a cura e a gentileza que sejam necessárias. Saiba que o sofrimento não vai permanecer, ele vai, em vez disso, se mover em você e sair com tranquilidade e amor.
- Enquanto faz isso, procure expandir esta prática para incluir todos aqueles que estão no mesmo barco que você, vivendo com a mesma dor, sentindo a mesma inadequação ou o mesmo desespero. Inspire o sofrimento deles e envie cura, alívio e apoio para quem precisa deles.
- Conforme esta prática chega ao fim, dedique alguns instantes a deixar de lado qualquer foco de atenção em particular e simplesmente permaneça sentado com a sensação de todo seu corpo, mantendo-o em uma consciência gentil e receptiva.
- Se esta prática for útil, permita que ela seja uma ferramenta para enfrentar o sofrimento com compaixão.

70. Amar nossas imperfeições

🕐 10 minutos

Imagine que alguém duvida, julga e critica você o tempo todo. Seria capaz de confiar nessa pessoa? Agora, pense em você e em como as críticas que faz a si mesmo destroem sua autoconfiança. Como Pema Chödrön descreve: "A agressão mais fundamental a nós mesmos, o dano mais fundamental que podemos nos causar é permanecer ignorante por não termos coragem e respeito de olhar para nós mesmos com honestidade e gentileza". Todos somos imperfeitos. Neste exercício, reconheceremos diretamente e com compaixão nossas imperfeições.

- Comece esta prática encontrando um lugar confortável e tranquilo para se sentar. Permita que seu corpo permaneça relaxado e com a coluna ereta. Você pode fechar os olhos ou lançar o olhar com suavidade para o chão.
- Para começar, sinta seu corpo sentado. Perceba gentilmente qualquer sensação: um toque, uma pressão ou um contato. Reúna sua atenção e chegue ao momento presente.
- A seguir, leve à sua mente uma inadequação ou imperfeição perceptível, contra a qual você costuma lutar. Perceba a história da imperfeição que você conta para si mesmo.
- Fique ciente de qualquer emoção que surja e rotule-a com gentileza. Perceba as sensações que aparecem no seu corpo enquanto você fica ciente da história da inadequação.
- Dedique um momento a refletir sobre essa história como se um amigo próximo ou alguém amado estivesse na mesma situação. O que você diria para essa pessoa?
- Enquanto faz isso, dedique alguns minutos a repetir as seguintes frases em silêncio para si mesmo. Sinta-se livre para modificá-las de modo que elas ressoem em você:

> *Que eu seja gentil comigo mesmo.*
> *Que eu possa me aceitar como sou.*
> *Que eu aceite minhas imperfeições com amor e bondade.*

- Toda vez que sua atenção for atraída por algum pensamento ou por outras distrações, desapegue-se deles gentilmente e retorne a essas frases.
- Perceba qualquer sensação que surja enquanto você realiza esta prática. Saiba que, ainda que pareça desajeitado no início, a intenção de encararmos nossas imperfeições com aceitação está construindo confiança dentro de nós mesmos.

71. Brilhe

🕐 10 minutos

Conforme nossos padrões habituais vão se tornando mais evidentes, começamos a considerá-los de maneira menos pessoal. Quando nos identificamos menos com as histórias que repetimos sobre nós mesmos e, em vez disso, entramos em sintonia com a realidade da experiência, podemos apreciar nossa bondade e singularidade. É assim que a autoconfiança emerge. Eckhart Tolle diz: "A fonte de toda abundância não está fora de você. Ela é parte de quem você é".

- Encontre um lugar tranquilo e confortável para se sentar. Deixe seu corpo relaxado e ereto. Feche os olhos ou lance o olhar gentilmente para o chão.
- Dedique um minuto a se conectar com as sensações da respiração. Descanse sua atenção no ato de inspirar e expirar. Relaxe no momento.
- Quando se sentir relaxado, traga à mente alguém que você ama. Imagine essa pessoa e a confiança dela em você. Sinta a confiança irradiando dela até você. Respire com qualquer sensação que isso crie. Permita a si mesmo sentir e receber o amor e a.consideração positiva dessa pessoa por você.
- Agora, traga à mente um momento em que você sentiu confiança em si mesmo. Você pode refletir sobre uma ocasião em que tomou uma decisão ou agiu com confiança e sabedoria. Veja se consegue sentir isso dentro do seu corpo e convide essa sensação a crescer.
- Dedique um momento a pensar que, quando chove ou está nublado, parece, ao primeiro olhar, que não há sol. Mas, se você voar acima das nuvens, verá que o sol ainda está

brilhando. Ser incapaz de ver alguma coisa não significa que essa coisa não está ali. Da mesma forma, mesmo quando nos sentimos instáveis ou inseguros, nossa natureza verdadeira ainda está atrás das nuvens, esperando para brilhar de novo.

Palavras de encorajamento

Quando estamos distantes de nós mesmos, é difícil construir confiança na nossa capacidade de enfrentar com habilidade o que a vida nos oferece. Por que confiaríamos em um desconhecido? À medida que você pratica a atenção plena, cada experiência que você tem — agradável ou desagradável — se torna uma oportunidade para confiar na sua capacidade de estar consciente, de estar ali. Conforme conhece sua experiência momento a momento, e até se torna amigo dela, você está nutrindo o solo para que a autoconfiança possa crescer.

Reflexão

O que você percebeu enquanto fazia essas meditações? Que aspectos da experiência se destacaram? Como você pode aplicar a atitude da confiança no seu dia a dia?

Nós fazemos tanta coisa, corremos tão rápido, a situação
é difícil, e muita gente diz: "Não fique sentado aí,
faça alguma coisa". Mas fazer mais coisas pode tornar
a situação pior. Então, você deveria dizer: "Não faça
alguma coisa, sente-se aí". Sente-se, pare, seja primeiro
você mesmo, e comece a partir daí.

Thich Nhat Hanh, monge budista, poeta e ativista

7

O não esforço

O esforço adiciona sofrimento à depressão ao compararmos onde estamos com onde achamos que deveríamos estar. Como Thich Nhat Hanh descreve na citação de abertura deste capítulo, fazer mais coisas às vezes piora a depressão. Quando a depressão aparece, é fácil querer consertar as situações lutando, ignorando, julgando e "devendo fazer". Uma vez que esses hábitos tomam conta de nós, o que começa com um mau humor pode rapidamente se tornar algo muito pior. Esses são os momentos mais difíceis de voltar nossa atenção para o que quer que o momento presente nos traga — e quando mais precisamos fazer isso.

O não esforço não significa não ter objetivos ou esperanças. É natural querer ser feliz e estar bem. O não esforço é perceber como nossos apegos nos causam sofrimento. Reconhecemos que correr por aí, tentando controlar tudo, não nos ajuda a alcançar uma sensação verdadeira de paz. No caso da depressão, o não esforço significa reconhecer com bondade e sem julgamentos tanto a tristeza quanto a fadiga e o desinteresse.

Por meio desse reconhecimento, abrimos espaço para que essas experiências negativas se desenrolem sem o sofrimento adicional causado pela nossa resistência. Isso libera energia e passamos a ver o momento com mais clareza, incluindo a inevitabilidade da mudança. Isso é exatamente o oposto de estar estagnado ou ser passivo. É a decisão ativa de estar com o momento como ele é, para que possamos escolher as ações que serão mais úteis e responsivas.

Pensamentos inúteis comuns

Por que nunca tenho êxito?
Estou tão desapontado comigo mesmo.
Preciso terminar de fazer tudo isso.

72. Aterramento

🕐 5 minutos

O esforço pode nos levar a viver no futuro, fazer nos sentir dispersos e até desligados da nossa vida e do nosso eu presente. Quando aprendemos a nos equilibrar, perdemos esse hábito e estimulamos a capacidade de nos conectarmos com o momento presente, onde quer que estejamos.

- Você pode tentar esta prática em pé, ou sentado, caso lhe pareça melhor. Deixe os pés afastados na largura dos quadris, e os braços soltos ao lado do corpo. Se estiver tranquilo, permita que seus olhos se fechem com suavidade.
- Comece fazendo algumas respirações profundas enquanto permite que seu corpo relaxe e se acomode quanto puder.

- Deixe sua respiração voltar ao normal e comece a mover lentamente a atenção pelo seu corpo, partindo da cabeça até chegar aos pés.
- Dedique alguns momentos a simplesmente estar com as sensações nos seus pés. Sinta o peso do seu corpo e a pressão onde seus pés encontram o solo.
- Comece a se imaginar como uma árvore forte e estável. Sinta seu corpo como o tronco de uma árvore que se ergue graciosamente para o céu, e seus pés como a base da árvore encontrando a terra.
- Enquanto está de pé ali, imagine que a sola dos seus pés criam raízes. Deixe-as penetrarem lentamente na terra.
- Se surgirem pensamentos ou emoções, deixe-os apenas vir e ir embora, como o vento passando pelos galhos da árvore. Talvez os galhos balancem, mas a árvore permanece firmemente enraizada na terra.
- Continue respirando enquanto imagina suas raízes se aprofundando cada vez mais em direção ao centro da Terra, sólidas, seguras e equilibradas.
- Nos últimos minutos desta prática, procure descansar com a sensação de estar plenamente aterrado e presente neste momento.

73. Ser que respira

🕐 10 minutos

Um dos aspectos mais desafiadores da atenção plena é entender que, embora exija esforço, você não precisa alcançar um resultado ou um estado em particular. A meditação nos ensina a abandonar a necessidade de que as coisas sejam diferentes do que são, assim podemos estar em cada momento com mais facilidade. A maior tensão que surge é que secretamente queremos que a meditação "trabalhe" por nós. Estamos presos ao resultado, praticando para conseguir mais paz, clareza ou conexão. O não esforço pode ajudar a garantir que a meditação não se torne mais um motivo para sermos duros com nós mesmos.

- Sente-se de forma confortável com uma postura que lhe pareça tranquila e alerta. Deixe os olhos fechados e direcione o olhar gentilmente para o chão.
- Enquanto se acomoda, entre em sintonia com as sensações de estar sentado ali. Sinta os pontos onde seu corpo encontra a cadeira ou o sofá. Veja se pode dedicar um momento a apenas estar sentado ali. Nada mais precisa acontecer.
- Mude sua atenção para as sensações da respiração. Perceba como a respiração já está acontecendo, sem você precisar fazer nada.
- Se a "mente que faz" aparecer — esperando alcançar certo estado ou ficar melhor na meditação —, simplesmente perceba isso acontecendo. Relaxe gentilmente e volte a sentir seu corpo respirando.
- Você consegue se permitir apenas estar presente com cada inspiração e expiração?
- Enquanto respira, você pode perceber sons, pensamentos e sensações. Se puder, permita que isso simplesmente vá para segundo plano e preste atenção à respiração. Você não precisa fazer nada a respeito. Seja o que for, é suficiente.
- À medida que a prática chegar ao fim, dedique um momento para honrar a si mesmo por ficar sentado.

74. Deixe fluir

🕐 15 minutos

Quando estamos excessivamente apegados para que alguma coisa aconteça de uma certa maneira, acabamos em uma montanha--russa. Quando as coisas transcorrem do nosso jeito, nos sentimos bem. Se isso não acontece, ficamos mal. Isso se aplica às nossas experiências internas também. Sentir-se para baixo é bastante desafiador, mas quando você adiciona a atitude de querer que aquilo mude, torna-se impraticável. Muito da nossa experiência está fora do nosso controle. Neste exercício, praticaremos o não esforço enquanto nos abriremos para diferentes aspectos da nossa experiência e deixamos fluir.

- Sente-se em uma posição que seja confortável e o deixe atento ao momento presente. Você pode fechar os olhos ou lançar o olhar gentilmente para o chão.
- Faça algumas respirações profundas e preste atenção às regiões do seu corpo em que você as sente com mais clareza. Permita que sua respiração volte ao normal e comece a seguir as sensações da inspiração e da expiração onde quer que elas sejam mais evidentes para você. Dedique alguns minutos a deixar o ar fluir naturalmente para dentro e para fora.
- Quando perceber que sua atenção já não está mais na respiração, tente identificar aonde ela foi e retorne seu foco para a respiração. Lembre-se de que é muito normal que a mente divague; você não precisa se livrar dos pensamentos.
- Deixe a respiração e mude sua atenção para os sons. Perceba como os sons acontecem por conta própria. Não há nada a fazer além de abrir-se e recebê-los. Dedique alguns minutos

a simplesmente permitir que eles entrem e saiam da sua consciência.

- Agora, deixe os sons e volte sua atenção para os pensamentos. Da mesma forma que observou os sons, comece a ver os pensamentos que surgem e desaparecem.
- Se for útil, você pode imaginar os pensamentos como nuvens passando pelo céu azul da mente. Perceba como algumas nuvens são leves e passam rapidamente. E como outras são mais pesadas e demoram mais para passar.
- Se achar que os pensamentos trazem alguma carga emocional, você também pode notar isso e ver se consegue detectar a emoção em algum lugar do seu corpo. Então, desapegue-se gentilmente e relaxe mais uma vez para observar os pensamentos.
- À medida que esta prática chega ao fim, deixe os pensamentos de lado e passe um momento sentindo a respiração mais uma vez. Inspire, sabendo que está inspirando. Expire, sabendo que está expirando.

75. Adeus, agendas

(10 minutos

Sem consciência, ficamos tão presos nas histórias que repetimos sobre nós mesmos — como somos ou ainda como deveríamos ser — que perdemos contato com nosso eu verdadeiro. Por outro lado, construímos estabilidade e confiança quando estamos em contato com a realidade das nossas experiências, não importa quão confusas elas sejam. Quando nos conhecemos melhor, incluindo nossas reações habituais, estamos praticando o não esforço. Com este exercício, poderemos começar a deixar de lado quaisquer programações e, com isso, dedicar um tempo a sermos nós mesmos.

- Comece encontrando um lugar tranquilo para praticar, onde você não seja interrompido.
- Encontre uma postura confortável, seja deitado ou sentado em uma cadeira. Você pode fechar os olhos ou permitir que seu olhar desça suavemente para o chão.
- Sentado ou deitado ali, comece prestando atenção às sensações de todo seu corpo. Dedique um minuto a apenas ser exatamente como você é e a sentir as sensações onde seu corpo é apoiado pela superfície na qual você está.
- A seguir, conecte-se com as sensações que a respiração provoca em seu abdômen. Sinta o ar entrar e sair, deixando a respiração seguir seu ritmo natural. Lembre-se, enquanto segue esta prática, de que não há jeito certo ou errado de prestar atenção.
- Se perceber pensamentos sobre o que você deveria estar fazendo com esse tempo ou sobre como deveria estar se sentindo, veja se consegue rotulá-los gentilmente como "esforço" e volte a atenção ao seu corpo.
- Agora, guie a atenção, como se ela fosse um holofote, aos seus pés. Passe alguns momentos investigando os padrões mutáveis de sensações nos pés. Não há nada a fazer, exceto perceber gentilmente essas sensações.
- Sinta a parte inferior das pernas. Perceba as sensações surgindo na pele e bem dentro das pernas enquanto você respira. Se não houver sensações, tudo bem. Apenas descanse sua atenção na parte inferior das pernas.

- Mude sua atenção para as coxas e para a pélvis. Sinta bem os músculos e os ossos. Perceba as sensações que surgem, se deslocam, mudam ou permanecem iguais.
- Passe sua atenção para o abdômen, o peito, as costas e os ombros. Sinta todo seu tronco, notando o movimento da respiração ou ainda onde seu corpo encontra a cadeira ou o colchonete.
- Leve sua atenção para seus braços e suas mãos. Preste atenção a qualquer sensação que apareça nessa região do corpo. Perceba qualquer movimento ou temperatura.
- Mude a atenção para sentir seu rosto. Perceba qualquer sensação de tensão ou angústia.
- Por fim, expanda a atenção para incluir todo seu corpo, sentado ou deitado, no momento presente. Talvez você sinta que todo seu corpo está respirando. Deixe de lado qualquer programação enquanto o mantém em uma consciência bondosa e amistosa.
- À medida que esta prática chega ao fim, movimente um pouco o corpo e, se estiver deitado, não se esqueça de se apoiar enquanto senta.

76. Beije a alegria

🕐 10 a 15 minutos

O apego às experiências agradáveis pode nos levar a um ciclo em que constantemente desejamos e procuramos o próximo momento de alívio ou prazer. Nesse círculo vicioso, ficamos tão envolvidos no esforço para conseguir o que queremos que perdemos exatamente aquilo que estávamos procurando. Às vezes, quando estou em contato com a natureza, ainda me pego impressionada com algo belo, e tenho vontade de tirar uma foto para "capturar" o momento. Paradoxalmente, essa necessidade de nos agarrarmos ao momento nos tira dele. Como diz o poeta William Blake:

Aquele que se deixa prender por uma única alegria
Rasga as asas da vida.
Mas aquele que beija a alegria enquanto ela voa
Vive no amanhecer da eternidade.

- Escolha uma atividade que você considera prazerosa, agradável ou nutritiva. Pode ser qualquer coisa, como comer algo de que você gosta, passar um tempo na natureza, ouvir música ou tomar um banho. Você pode escolher algo que dure um certo tempo, como dez ou quinze minutos.
- Antes de começar, dedique um momento a se conectar com a intenção de estar plenamente desperto ao momento presente. Saiba que, se surgirem pensamentos, você pode anotá-los gentilmente e voltar a prestar total atenção aos seus sentidos.
- Veja se consegue se jogar por inteiro no momento presente. Aprecie as imagens, os aromas, os sons, os sabores e as sensações.
- Se perceber pensamentos sobre como tudo isso é incrível, pensamentos sobre como você quer se sentir daquela forma mais vezes ou pensamentos sobre o desejo de "capturar" o momento, veja se consegue se desapegar gentilmente e voltar a vivenciar verdadeiramente o momento em toda sua plenitude.

- À medida que a prática chega ao fim, veja se pode conectar-se com um sentimento de apreço pela experiência, e então deixe-o ir.

77. Ouça seus limites

🕐 10 minutos

Nosso corpo pode nos ensinar sobre o não esforço de muitas maneiras. Por mais que o tentemos controlar ou resistir a ele, o tempo passa e o corpo envelhece. Lutar contra essa verdade é certamente uma batalha perdida. Não só nossa aparência muda com a idade, como nossas limitações físicas também mudam dependendo do dia. Aprender a ver com bondade as mudanças de limite do nosso corpo é uma boa prática para cultivar o não esforço. Com essa atitude, podemos nos conectar com uma apreciação e um respeito mais profundos em relação ao nosso corpo e às tempestades que ele suportou.

- Comece em pé, com o os pés abertos na largura dos quadris. Se possível, tente ficar descalço. Antes de começar, lembre-se de que a intenção desta prática não é obter algum resultado em particular. Em vez disso, veja se consegue levar uma consciência mais profunda ao corpo e às sensações criadas enquanto se move, sempre que seja confortável se mover. Assegure-se de prestar atenção aos seus limites e adapte os movimentos para que caibam dentro das suas necessidades.
- Passe alguns momentos sentindo seu corpo parado ali, em repouso e imóvel. Perceba a extensão total da respiração no seu corpo enquanto respira.

- Quando estiver pronto, ao inspirar, levante os calcanhares, de modo que você fique apoiado na ponta dos pés, e, na expiração, apoie-se devagar nos calcanhares, permitindo que os dedos do pé se ergam levemente. Repita esse movimento durante dez respirações, usando uma cadeira ou a parede para se equilibrar, se necessário.
- Fique imóvel. Simplesmente descanse na consciência da mudança de padrão das sensações enquanto respira.
- A seguir, inspire e abra os braços. Ao expirar, levante o braço direito acima da cabeça enquanto abaixa o esquerdo ao lado do corpo e se inclina para a esquerda. Repita esse movimento durante dez respirações, fazendo uma pausa para descansar ou voltando à imobilidade, conforme necessário.
- Dedique um momento a sentir os efeitos do movimento. Descanse na consciência do corpo.
- Assegure-se de que há espaço ao seu redor e comece a girar os braços devagar, como um helicóptero. Mantenha os pés plantados no chão e permita que seu corpo gire com suavidade. Continue assim por cerca de dez respirações.
- Por fim, permita que seu corpo volte para a imobilidade e simplesmente sinta-o parado. Dedique um instante a cultivar um pouco de gratidão pelo seu corpo, do jeito que ele é.

78. Chegue a cada momento

🕐 10 minutos

Nosso desejo constante de chegar a algum lugar pode ser viciante e cansativo. Por um lado, nos sentimos produtivos e, talvez, realizados. Por outro, nos distraímos do momento presente, movendo-nos constantemente, sem nunca chegar a lugar algum. Trabalhamos, mas não aproveitamos os frutos do nosso suor. Neste exercício de caminhada consciente, descobriremos como é chegar a cada momento. Como o erudito budista Wu-Men escreve:

Dez mil flores na primavera, a lua no outono,
uma brisa fresca no verão, a neve no inverno.
Se coisas desnecessárias não nublam sua mente
esta é a melhor estação da sua vida.

- Encontre um lugar ao ar livre, onde você possa caminhar por cinco ou dez minutos. Talvez seja interessante encontrar um lugar mais isolado. Sinta-se livre para modificar esta prática se sua mobilidade assim exigir, seu único "objetivo" é fazer movimentos conscientes e confortáveis.
- Antes de começar, dedique um momento a ficar parado, em pé e relaxado. Sinta seu corpo nessa posição. Perceba gentilmente as sensações do seu corpo e da sua respiração.
- Comece a transferir seu peso para a perna direita, percebendo a mudança nos padrões das sensações no pé ao fazer isso. Então, erga o pé esquerdo devagar e mova-o com gentileza para a frente, dando um passo.
- Mude seu peso para a perna esquerda, prestando atenção às mudanças criadas. Então, com consciência, erga o pé direito, mova-o devagar para a frente e apoie-o no chão.
- Continue a caminhar dessa forma lentamente. Se perceber que sua atenção não está mais na caminhada, faça uma pausa, volte sua consciência gentilmente à observação do que está ao seu redor, respire fundo e retorne às sensações dos passos.

- Veja se consegue deixar de lado para onde está indo ou quanto ainda tem de caminhar, focando apenas na experiência direta de caminhar. Tente chegar a cada momento.
- Continue dessa forma até que a prática pareça completa. Desapegue-se do jeito "certo" de fazer ou de qualquer sensação de que você está se esforçando demais, simplesmente terminando quando sentir que está pronto.

79. Entre na derrapagem

🕐 10 minutos

A ideia de escolher se aproximar e investigar com gentileza aquilo que é difícil parece ir contra nossos instintos. No entanto, ao nos afastarmos rápido demais, nunca conseguimos uma sensação clara da dificuldade em si, e podemos encontrar dificuldades para dar uma resposta sensata. Aproximar-se da dificuldade é como dirigir no inverno. Quando a traseira do carro derrapa para um lado, o motorista precisa virar o volante na mesma direção para que mantenha controle do carro. No exercício a seguir, investigamos essa atitude contraintuitiva.

- Encontre uma postura sentada que pareça estável e alerta. Você pode fechar os olhos devagar ou deixá-los abertos com o olhar suave.
- Perceba a sensação de estar sentado ali, neste momento. Sinta o peso do corpo na superfície na qual você se encontra.
- Agora, comece a perceber seus pensamentos. Há algum problema que está tentando resolver? Alguma incerteza ou desconforto que está tentando consertar ou descobrir?

- Dedique um momento a permitir o problema na mente. Sem pensar a respeito, simplesmente reconheça-o e permita que ele esteja ali.
- Veja se consegue notar uma vontade de solucionar ou consertar o problema, e gentilmente rotule-a como "esforço".
- Agora, procure se aproximar do problema para vê-lo com mais clareza.
- Perceba qualquer desconforto que surja no seu corpo ou na sua mente. Que pensamentos e emoções aparecem quando você faz isso? Veja se consegue ir ao encontro do que quer que seja com paciência e compreensão, talvez dizendo: "Ah, pensamentos sobre o futuro", ou "Sim, a sensação de ansiedade".
- Enquanto repousa com consciência, volte a atenção para seu corpo, visando detectar o surgimento de qualquer sensação. Veja como você sente o problema no corpo. Deixe de lado qualquer enredo na sua mente e preste atenção às sensações, explorando-as com gentileza enquanto respira.
- Continue a respirar com quaisquer sensações que encontrar e, ao expirar, repita silenciosamente para si mesmo: "suavizando, abrindo". Continue a fazê-lo como um gesto de acolhimento.
- À medida que a prática chega ao fim, deixe de lado qualquer foco de atenção ao seu corpo e sinta-o inteiro sentado ali.
- Dedique um momento a reconhecer sua coragem de entrar na derrapagem e conhecer sua experiência com mais plenitude.

80. Deixe as preocupações para trás

Um dos maiores desafios que enfrentamos como humanos é confrontar a ilusão do controle. A incerteza nos arrasta para ruminações enquanto tentamos conquistar alguma sensação de controle. No entanto, fazer exatamente o oposto — reconhecer os limites do nosso controle e aprender a nos desvencilhar do pensamento — economiza nossa limitada energia e nos impede de cair em uma espiral descendente. Isso me lembra a estrofe final do poema "Eu me preocupava", de Mary Oliver:

Eu finalmente percebi que me preocupar não levava a nada.
E desisti. E peguei meu velho corpo
e saí pela manhã,
e cantei.

- Escolha um dia em que pretende estar ciente das preocupações que surgem.
- Veja se consegue perceber quando você começa a se preocupar. Você pode notar sua mente divagando ou seu corpo tenso. Também pode perceber que está distraído ou retraído.
- Quando isso acontecer, veja se consegue se voltar para dentro e identificar o que o preocupa. Em outras palavras, dê um nome ao tópico da sua preocupação, sem julgamentos: talvez "preocupado de ser amado" ou "preocupado com o tempo".
- A seguir, dedique um momento a sentir sua respiração e seu corpo e perceber como essa preocupação o afeta fisicamente. Passe um minuto apenas respirando com as sensações do seu corpo.
- Então, pergunte a si mesmo: "Esta é uma preocupação que posso controlar ou com a qual posso ter algum benefício"?
- Dedique um momento a analisar sua resposta e determine como gostaria de proceder. Reconheça como as coisas estão. Escolha uma maneira de responder que lhe pareça sensata.

81. Desconectando

🕐 5 minutos

Em geral, nossa tendência de lutarmos para ter conforto nos deixa paralisados; descobrimos que não podemos pular as partes difíceis se queremos levar uma vida que tenha valor. A vida exige incertezas e emoções difíceis de nós. Ao pararmos para notar nosso esforço, podemos romper o ciclo de evasão que nos afasta cada vez mais do que realmente desejamos. Experimente fazer este exercício quando estiver se sentindo paralisado e quiser que as coisas sejam diferentes do que são.

- Comece esta prática trazendo o corpo a uma postura que sinalize que você está presente e alerta. É possível fazer esta prática com os olhos abertos ou fechados.
- Faça algumas respirações profundas para acalmar sua atenção. Perceba qualquer urgência de fazer alguma coisa e veja se consegue deixar isso de lado. Comprometa-se a trazer uma consciência calorosa e paciente para sua experiência durante alguns momentos.
- Pense na situação que está fazendo você se sentir paralisado. Em vez de ser atraído pelo enredo, dedique um momento a notar e reconhecer as emoções, os pensamentos e as sensações que surgem. Anote-os gentilmente, se quiser, sabendo que não há nada que você precise fazer a respeito.
- Veja se consegue detectar a sensação de esforço exixtente em seu corpo. Perceba qualquer reserva, tensão ou apreensão. Foque sua atenção nas sensações, ciente do tamanho delas, da qualidade delas e de qualquer movimento. Enquanto se concentra, tente respirar diretamente nas sensações. Imagine

que sua respiração está abrindo espaço no que quer que esteja ali.

- Enquanto respira, tente dizer a si mesmo as seguintes frases:

Tudo bem sentir isso.
Já está aqui.
Consigo abrir espaço nisso, e não é preciso consertar nada.
Deixe-me acolher isso com compaixão.

- Continue a dizer essas frases para si mesmo enquanto presta atenção aos locais onde a resistência se manifesta no seu corpo.
- À medida que a prática chega ao fim, dedique um momento para sentir seu corpo inteiro, deixando-o ser como é.

82. Desapegue, segure firme

🕐 20 minutos   ✎ Caneta e papel

Quando ficamos presos na depressão, é natural nos sentimos desmotivados. As coisas que costumavam nos interessar ou nos trazer prazer começam a parecer obrigações. Conforme nos retraímos, nosso humor piora. Uma das coisas que torna mais difícil nos envolvermos novamente é prevermos que não vamos gostar da caminhada ou que aquele café com um amigo só nos vai deixar pior. Com o não esforço, podemos nos desapegar do resultado e trazer um sentimento de interesse para o processo. Em vez de sermos arrastados pela espiral da depressão, podemos nos segurar firmemente em nós mesmos enquanto a depressão passa.

- Para esta prática, você vai precisar de papel e caneta. Encontre um lugar tranquilo para realizá-la.
- Primeiro, dedique alguns minutos a refletir, e então escreva cinco atividades que lhe dão uma sensação de domínio. Em outras palavras, atividades ou tarefas que lhe dão a sensação de realização ou orgulho. Veja se consegue escolher algo pequeno ou uma parte de um projeto maior, como abrir correspondências, organizar parte da sua escrivaninha, lavar um pouco de roupa ou sair para uma caminhada curta.
- Na sequência, dedique alguns minutos a refletir, depois escreva cinco atividades que lhe trazem a sensação de prazer. Atividades que você considera calmantes ou divertidas. Veja se consegue escolher algo facilmente acessível, como brincar com seu animal de estimação, tomar um banho ou saborear uma xícara de chá.
- Dedique um momento para perceber sua experiência. O que você está notando no seu corpo e na sua mente? Escolha uma dessas dez atividades e veja se pode completá-la com a noção da mente de principiante. Leve toda sua atenção para ela e concentre-se no processo sem esperar se vai desfrutar do momento ou se vai se sentir melhor depois.
- Se aparecerem pensamentos inúteis de que esta atividade é fácil ou de que não é digna dos seus esforços, observe-os gentilmente e traga sua atenção de volta ao exercício.
- Quando terminar, dedique alguns momentos para perceber novamente o que está experimentando no seu corpo ou na sua mente. Independentemente se isso o "ajudou", parabenize-se por lidar de maneira sensata com seu humor.
- Quando se sentir preso ou estagnado, veja se consegue escolher outra atividade da lista para completar dessa mesma forma.

83. Conecte-se com o propósito

🕐 10 minutos

Quando ficamos excessivamente apegados a um resultado ou a um objetivo, forças que podem estar fora do nosso controle acabam amarrando nossas emoções. Apesar dos nossos esforços, às vezes as coisas não saem como queremos. Mesmo assim, quando nos concentramos no porquê ou no valor por trás do objetivo, podemos ver como nosso comportamento é importante, independentemente do resultado. Dessa forma, podemos nos conectar com um propósito mais profundo do que o sucesso ou o fracasso.

- Adote uma postura confortável. Você pode fechar os olhos ou lançar o olhar gentilmente para baixo.
- Agora, dedique alguns minutos a perceber a sensação de estar sentado ali. Conecte-se com qualquer ponto de toque ou contato no seu corpo enquanto chega ao momento presente.
- Dedique alguns minutos a acomodar a atenção na sua respiração. Preste atenção, de perto e com cuidado, às sensações do ar entrando e saindo, onde quer que você sinta com mais clareza.
- Traga à mente uma área da sua vida na qual você encontra empenho, dependência ou apego. Talvez seja uma realização no trabalho, objetivos relacionados ao seu aspecto físico ou ambições na sua vida doméstica. Permita que essa área entre na sua mente. Reconheça os objetivos ou os resultados que você quer.
- Deixe o pensamento de lado e perceba onde isso afeta no seu corpo. Faça gentilmente uma varredura no seu corpo

e veja se consegue detectar áreas de tensão, pressão ou desconforto. Por alguns momentos, procure respirar com algum desconforto que venha a aparecer, sentindo-o de verdade e abrindo espaço para que ele esteja ali. Reconheça gentilmente que isso é um esforço.

- Dedique um momento a refletir sobre o que está por trás desse objetivo. Por que ele é importante? No que esse objetivo pode ajudar as coisas da sua vida com as quais você realmente se importa? Continue a pensar na respiração como uma âncora, enquanto coloca essas questões para si mesmo. Continue se perguntando: "Por quê"? Observe de que maneira esse objetivo revela seus valores, independentemente de você alcançá-lo ou não.

- À medida que completa a prática, dedique um momento a retornar à respiração. Seja lá o que tenha surgido para você, dedique um momento para apreciar seus esforços e enxergar um propósito maior.

84. Não precisa consertar

🕐 10 minutos

Desejar que as coisas sejam de uma determinada forma pode ser uma força poderosa nos nossos relacionamentos com as demais pessoas. Nosso esforço para consertar ou mudar aqueles que fazem parte da nossa vida pode ser uma das maiores fontes de sofrimento tanto para nós quanto para eles. Para que você possa imaginar a relação adversa que esse esforço cria em si mesmo, pense em como esse comportamento afeta o modo como tratamos os demais. Perceber como nos esforçamos para controlar os outros pode ajudar a nos livrar dessas ações destrutivas e também a nos tornarmos mais presentes nos nossos relacionamentos.

- Comece esta prática encontrando um lugar confortável e tranquilo para se sentar. Adote uma postura que pareça desperta e aberta. Você pode realizar esta prática com os olhos fechados ou abertos.
- Dedique alguns minutos simplesmente para seguir as sensações provocadas pela sua respiração. Saiba que tudo que você precisa fazer neste momento é sentir sua respiração. Quando notar que sua mente divagou, apenas traga-a de volta para a respiração.
- Quando você estiver pronto, traga à sua mente um relacionamento que gostaria de preservar, proteger ou nutrir, mas que você faz um esforço muito grande para mantê-lo de pé. Dedique um momento a refletir sobre como você está tentando controlar ou mesmo mudar essa pessoa. Perceba de que forma você quer que ela seja diferente. Simplesmente respire com a consciência desse ato enquanto reconhece a questão.
- Faça algumas respirações profundas para se centrar e veja se consegue convidar-se gentilmente a aceitar essa pessoa como ela é. A cada respiração completa, permita que qualquer esforço diminua, e apenas fique com as coisas como elas são. Veja se consegue reter qualquer sensação que surja com uma consciência aberta e permissiva. Continue respirando dessa forma durante alguns minutos, cultivando uma atitude de não esforço em relação ao relacionamento com essa pessoa.

- Por fim, faça a si mesmo as seguintes perguntas: "Como posso abordar esse relacionamento com uma atitude de não esforço?", "Como seria não precisar que essa pessoa fosse diferente?". Em vez de ficar preso no pensamento, veja se consegue permitir que essas dúvidas simplesmente se acomodem na sua mente e escute o que quer que surja.
- À medida que esta prática chega ao fim, dedique um momento a apreciar seus esforços de não precisar consertar.

85. Durma bem
(Minimeditação)

Quando for para a cama à noite, dedique um momento para relaxar e notar como é ficar deitado ali. Sinta onde seu corpo encontra a cama. Entre em sintonia com as sensações causadas pelo lençol e pelo cobertor enquanto deixa seu corpo ser apoiado pelo colchão. Se perceber qualquer sensação de tensão ou aperto, faça algumas respirações profundas. Ao exalar, relaxe o máximo que puder. Lembre-se de que não há mais nada a fazer a não ser dormir.

86. Encontre a graça

🕐 10 minutos

Nossas aspirações podem nos motivar a fazer mudanças difíceis. O problema surge quando nossas ideias sobre como as coisas "deveriam ser" criam sofrimento e autocríticas. No poema "Permita", Danna Faulds coloca essa questão da seguinte forma:

Resista, e a maré
Vai derrubá-lo.
Permita, e a graça o levará
A um local mais elevado.

A autocompaixão é a chave para encontrar a graça. Nesta prática, vamos nos mover pelos três componentes da autocompaixão, como descritos por Kristin Neff.

- Adote uma postura que pareça confortável e que o mantenha desperto ao momento presente. Permita que as áreas onde você sente aperto ou tensão relaxem gentilmente. Experimente soltar os ombros, a mandíbula ou o abdômen. Você pode fechar os olhos ou lançar o olhar com suavidade para o chão.
- Faça algumas respirações profundas para permitir que seu corpo e sua mente relaxem. Então, permita que sua respiração retorne ao ritmo natural.
- Quando estiver pronto, traga à mente uma área que representa esforço ou estresse na sua vida e que faça você ser duro consigo mesmo.
- Primeiro, dedique um momento a estar ciente do que percebeu. Reconheça com gentileza quaisquer pensamentos, emoções ou sensações corporais que surjam com esse esforço. Você pode dizer em silêncio para si mesmo:

> *Este é um momento de sofrimento.*
> *Ai.*
> *Isso dói.*
> *Que difícil.*

- Segundo, dedique um momento a reconhecer a humanidade comum dessa experiência. Tente dizer algumas frases em silêncio para si mesmo:

  > *O sofrimento é parte da vida.*
  > *Todos temos dificuldades na vida.*
  > *Há outras pessoas que também se sentem assim.*
  > *Não estou sozinho.*

- Terceiro, dedique um momento a cultivar a bondade consigo mesmo. Você pode colocar uma mão sobre o coração ou em algum lugar que pareça reconfortante. Repita para si mesmo, em silêncio:

  > *Que eu aprenda a me aceitar como sou.*
  > *Que eu tenha compaixão por mim mesmo.*
  > *Que eu seja bondoso comigo mesmo.*
  > *Que eu me ofereça graça.*

- À medida que esta prática chega ao fim, dedique alguns instantes a se reconectar com as sensações existentes em seu corpo e da sua respiração antes de voltar a prestar atenção no ambiente.

Palavras de encorajamento

Os padrões com que lutamos para nos desvencilhar estão profundamente entranhados. O apego e a aversão são parte dos seres humanos. Ao mesmo tempo, essas forças podem facilmente nos levar ao modo de controle. Quanto mais você fica ciente dos esforços que faz, mais você sai do piloto automático e retorna à sua vida.

Reflexão

O que você percebeu enquanto fazia essas meditações? Que aspectos da sua experiência se destacaram? Como é possível aplicar uma atitude de não esforço ao seu dia a dia?

Deixar para lá é conhecer-se tão profundamente
que todas as ilusões desaparecem.

Yung Pueblo, escritor e praticante de meditação

8

O deixar ir

Em suas palestras, o fundador da técnica de redução de estresse com base na atenção plena, Jon Kabat-Zinn, conta a história da sagacidade com que alguns fazendeiros na Índia capturam macacos. Segundo ele, os fazendeiros abrem um buraco em um coco, colocam uma banana lá dentro e prendem a engenhoca em uma árvore. Os macacos enfiam a mão nos cocos para pegar a banana — e então percebem que não podem tirá-las dali enquanto estiverem segurando a fruta. A fim de se libertarem, tudo que os macacos precisam fazer é soltar a banana. Mas a maioria deles não faz isso. Dessa forma, acabam presos.

Assim como os macacos, em geral nos apegamos a algo que não nos serve. Na depressão, esse apego mostra como respondemos a sentimentos dolorosos. Em outras palavras, não são as sensações desagradáveis em si, mas nosso relacionamento com elas que nos mantém presos.

Deixar ir é um caminho para a liberdade. Em vez de permitir que a tristeza, a tensão ou a raiva por nós mesmos nos derrube, podemos parar de alimentar o padrão que se autoperpetua, permitindo que as coisas sejam como já são. Assim como os macacos, temos que soltar as coisas para sobreviver. Quando fazemos isso e tiramos nossa mão do coco, abrimos espaço para encontrar algo novo que pode nos nutrir ainda mais do que a banana. Essa forma de enfrentar os desafios da vida é algo que precisamos praticar sem parar, começando de novo cada vez que somos pegos.

Pensamentos inúteis comuns

Alguma coisa tem que mudar.
Preciso consertar isso.
Isso é impossível.

87. Receber e libertar

🕐 5 minutos

Deixar ir vai contra nosso jeito de lidar com a dor emocional. Lutar e consertar nos consome tanta energia que esquecemos que podemos deixar ir. Um jeito de nos lembrar disso é praticar. Felizmente, estamos praticando o tempo todo, mesmo sem saber. A cada vez que nosso corpo recebe ar ao respirar, ele tem que deixá-lo ir.

- Comece esta prática encontrando um lugar confortável. Sente-se com a coluna ereta e o corpo bem equilibrado. Você pode fechar os olhos ou lançar o olhar para baixo com suavidade.

- Enquanto se acomoda, dedique um momento para prestar atenção à sua postura. Sinta o peito aberto e convide seu corpo a relaxar o quanto puder.
- Mude seu foco para as sensações da respiração. Permita que a atenção descanse onde quer que sua respiração seja mais evidente ou agradável para você.
- Veja se consegue manter o ritmo natural da sua respiração. Não é preciso controlar ou mudar nada.
- Enquanto respira, permita-se perceber como seu corpo recebe ar e o liberta com suavidade. O corpo sabe como deixar ir.
- Sempre que perceber que sua atenção não está mais voltada para a sua respiração, observe gentilmente para onde sua mente foi e, deliberadamente, guie-a de volta à respiração com delicadeza. A cada vez que fizer isso, você está praticando o deixar ir.
- Continue seguindo as sensações da respiração enquanto seu corpo recebe e liberta ar.
- À medida que a prática chega ao fim, abra os olhos com suavidade ou expanda o olhar enquanto observa seu espaço físico.

88. Aberto à paisagem sonora

🕐 5 minutos

Em geral, quando começamos a reconhecer a impossibilidade de controlar tudo — enfrentando o sofrimento que a resistência cria — percebemos que temos de deixar ir. Deixar ir não quer dizer que não queremos mudar as coisas. Pelo contrário, quer dizer que é preciso focar na nossa capacidade de reconhecer claramente uma situação (incluindo nosso desejo de que ela fosse diferente) sem ficarmos tão presos. Prestar atenção aos sons pode ensinar a nos abrir para as coisas como elas são e deixar ir nossa necessidade de controle.

- Encontre um lugar confortável para se sentar e adote uma postura que lhe permita ficar relaxado e com a coluna ereta. Você pode deixar os olhos fechados ou abaixar o olhar com suavidade.
- Enquanto se acomoda, dedique alguns instantes a fim de perceber as sensações de estar sentado ali. Note o peso do seu corpo e os pontos de toque ou de contato.
- Comece a prestar atenção à respiração, onde quer que ela seja mais perceptível ou mais agradável para você. Permita que quaisquer pensamentos desapareçam em segundo plano enquanto você segue cuidadosamente as sensações do seu corpo inspirando e expirando.
- Agora, passe a atenção da respiração para os sons ao seu redor. Você não precisa fazer nada. Durante alguns minutos, simplesmente deixe ir e permita que os sons cheguem aos seus ouvidos.
- Perceba os sons surgindo no campo da sua consciência e indo embora dele. Relaxe na paisagem sonora, sem se opor a nada.
- Se perceber qualquer julgamento sobre os sons, deixe-os ir gentilmente e abra-se novamente para os sons existentes ao seu redor.
- À medida que esta prática chega ao fim, dedique um momento a retornar sua atenção para as sensações provocadas pela sua respiração antes de lentamente retornar ao seu dia.

89. Veja a armadilha

(L) 15 minutos

Quando estamos hiperfocados no desconforto físico ou emocional, o restante do mundo parece desaparecer da nossa consciência. Continuamos a nos afundar cada vez mais, com a única ferramenta de que dispomos: o pensamento. Quando deixamos ir, podemos cessar o pensamento e ter acesso a uma nova ferramenta que pode realmente nos ajudar a sair do buraco. À medida que conseguimos sair dele, podemos ver o contexto mais amplo, a dificuldade que encontramos e a maneira como nos relacionamos com ela. Vemos a armadilha. Experimente esta meditação para tentar se abrir ao contexto mais amplo.

- Comece esta prática adotando uma postura alerta e relaxada. Feche os olhos ou lance o olhar com suavidade para baixo.
- Comece sentindo seu corpo respirar. Por alguns minutos, permita cuidadosamente que sua atenção repouse nas sensações da respiração.
- Se perceber que sua atenção se desviou para algum pensamento, veja se consegue simplesmente guiá-la de volta para sentir a próxima inspiração e a próxima expiração.
- Expanda a atenção para sentir seu corpo sentado ali. Permita que o pensamento desapareça gentilmente em segundo plano e, se possível, que sua atenção se mova da sua cabeça até a ponta dos seus pés. Durante alguns minutos, simplesmente mantenha o corpo todo em uma consciência espaçosa e bondosa.
- Quando estiver pronto, comece a explorar a possibilidade de deixar ir seu foco na respiração e no corpo. Abra a consciência ao que quer que surja na sua experiência.

- Enquanto se abre para o contexto mais amplo, observe com suavidade o que quer que apareça no seu corpo, no seu coração , na sua mente e no espaço ao seu redor. Permita que tudo entre e saia do espaço da consciência.
- Quando perceber que sua mente foi atraída para um pensamento, um enredo ou uma recordação, deixe ir gentilmente. Perceba qualquer reatividade que surgir e veja se consegue deixá-la ir e voltar a abrir-se para uma consciência expansiva de toda a paisagem da sua experiência.
- Repouse na consciência, permitindo que ela se desenrole de momento a momento.
- Durante os últimos instantes desta prática, permita que sua atenção se foque novamente na respiração. Entre em sintonia com as sensações da inspiração e da expiração. Abra os olhos devagar ou amplie seu olhar a fim de perceber o espaço ao seu redor.

90. Reúna e deixe ir
(Minimeditação)

Sempre que perceber que está se sentindo sem foco ou disperso, pare o que estiver fazendo e concentre-se em fazer três respirações profundas. Inspire pelo nariz, com toda sua capacidade. Reúna sua atenção enquanto sente o ar encher seu corpo. Expire lentamente pela boca. Enquanto expira, veja se consegue deixar ir pensamentos ou emoções que não sejam mais necessários. Com toda sua consciência, faça três respirações profundas e atentas antes de retomar seu dia. Lembre-se de que você sempre pode voltar para a respiração quando quiser reunir sua atenção e deixá-la ir.

91. Dissolvendo

🕐 10 minutos

Deixar ir é um processo. Deixar ir não é se livrar de pensamentos ou sentimentos negativos, mas sim é a prática de libertar nossa reatividade para que possamos recuperar um pouco de perspectiva. Quando conseguimos olhar para nossa experiência com um pouco mais de distância, abrimos espaço para ver que, como a escritora e instrutora de meditação Ruth King diz: "Nada na vida é pessoal, permanente ou perfeito". Nesta meditação, se permitirmos que partes do nosso corpo se dissolvam da consciência, podemos libertar o passado e convidar uma nova perspectiva para o presente.

- Comece esta prática encontrando uma postura confortável, seja deitado de costas em um colchonete ou sentado em uma cadeira. Se estiver deitado, deixe as pernas e os braços esticados, com as palma das mãos voltada para cima e os pés caindo um para cada lado. Você pode realizar esta prática com os olhos abertos ou fechados.
- Para começar, dedique alguns momentos a se conectar com as sensações do seu corpo, como ele estiver. Perceba quaisquer pontos de contato ou de pressão onde seu corpo é sustentado pela superfície na qual você está.
- Quando estiver pronto, comece a prestar atenção às sensações da respiração no abdômen. Enquanto sente o ar entrando e saindo, dedique um momento para refletir sobre sua intenção de estar com as sensações em cada região do corpo. Veja se consegue investigar e deixar ir qualquer coisa que surja enquanto você segue com esta prática. Saiba que a qualquer momento é possível retornar à respiração para se estabilizar.

- Mude sua atenção para os pés. Comece a observar quaisquer sensações neles. Perceba qualquer temperatura, movimento ou ausência de sensação.
- Ao expirar, permita que seus pés se dissolvam da sua consciência. Enquanto inspira, mude sua atenção para as pernas. Sinta qualquer sensação nelas. Perceba qualquer pressão, fadiga ou bem-estar.
- Se perceber que sua mente divagou, guie-a gentilmente de volta para seu corpo e para as sensações presentes neste momento.
- Ao inspirar, permita que suas pernas se dissolvam da sua consciência. Enquanto inspira, passe sua atenção para as regiões da pélvis, do abdômen e do peito. Perceba as sensações que surgem dentro do seu corpo e na superfície da pele.
- Ao expirar, permita que a pélvis, o abdômen e o peito se dissolvam da sua consciência. Enquanto inspira, passe a atenção para os braços e as mãos. Observe qualquer umidade, calor ou sensação de frio.
- Ao expirar, permita que seus braços e suas mãos se dissolvam da sua consciência. Enquanto inspira, mude sua atenção para o rosto, o pescoço e os ombros. Note as sensações de tensão, contração ou suavidade.
- Ao expirar, permita que seu rosto, seu pescoço e seus ombros se dissolvam da sua consciência. Ao inspirar, veja se consegue expandir sua atenção até todo seu corpo deitado ali.
- Permita-se respirar durante alguns minutos com todo o conjunto de sensações antes de lentamente movimentar seu corpo e retornar sua consciência para o espaço onde você está.

92. Deixe o enredo ir embora

🕐 10 minutos

Um dos hábitos mais difíceis de deixar ir é a ruminação. Encontramos algo desagradável — uma dor, um incômodo, uma decepção — e somos levados a pensar sobre isso. Pode ser compulsivo. Criamos todo um enredo que nos afasta cada vez mais da verdade da dificuldade. O ímpeto é tão forte que esquecemos que não precisamos acreditar nos nossos pensamentos. Nesta meditação, praticaremos como sair desse ciclo.

- Comece esta prática sentado, encontrando uma postura alerta e confortável. Permita que seus olhos se fechem ou lance o olhar gentilmente para a frente.
- Enquanto se senta, comece a entrar em contato com as sensações conforme seu corpo encontra a superfície na qual você está prestes a se sentar. Depois, sinta suas mãos descansando no colo. Reserve um momento para se sentar e saber que está sentado.
- Quando estiver pronto, comece a prestar atenção à sua respiração. Permita que sua atenção simplesmente se acomode onde a respiração lhe pareça mais clara.
- Siga cuidadosamente a extensão total da inspiração e a extensão total da expiração.
- Agora, durante alguns minutos, veja se consegue trazer um senso de curiosidade para os pensamentos, conforme eles aparecem. Se pensamentos altamente carregados surgirem ou se um determinado pensamento lhe atrair, é possível usar um rótulo mais específico como "pensamento autocrítico" ou "pensamento ansioso". Observe gentilmente os enredos e deixe-os ir.

- Saiba que enquanto respira, percebe os pensamentos e retorna à respiração, você está cultivando o hábito de deixar ir.

93. Reconheça a resistência

🕐 3 minutos

O oposto de deixar ir é resistir, agarrar, segurar. Esse impulso é um hábito que geralmente surge da autoproteção. Evitamos a ternura da tristeza ao nos culparmos ou renunciamos à intensidade da nossa própria ansiedade quando encontramos defeitos nos outros. No entanto, com esta prática, podemos reconhecer esses hábitos e, carinhosamente, lembrar que não precisamos mais deles. Quando jogamos luz sobre nossos padrões de comportamento, eles perdem a força exercida sobre nós. A instrutora de meditação Shaila Catherine diz: "Ao entender que o problema está em apegar-se, aprendemos a deixar ir". Experimente este exercício quando sentir uma dificuldade ou tensão em seu corpo ou na sua mente.

- Mostre que deseja entrar em um estado de consciência ao adotar uma postura com a coluna ereta, alerta e relaxada. Você pode fechar os olhos com suavidade ou deixá-los abertos.
- Dedique um minuto a voltar sua atenção para dentro. Com uma atitude de curiosidade, perceba sua experiência neste momento. Que sensações estão presentes? Sem precisar alterar nada, apenas perceba como seu corpo se sente. Que emoções estão presentes? Que pensamentos estão ali? Veja se consegue observá-los sem ficar preso.

- Assim que tiver uma sensação da sua experiência, você pode dizer gentilmente para si mesmo: "Resistência é isso".
- Reserve um minuto para relaxar sua mente e se concentre na respiração. Traga toda sua atenção para a respiração e, se sua mente divagar, guie-a de volta com gentileza.
- Quando estiver pronto, expanda a atenção para seu corpo. Passe um minuto mantendo todo seu corpo em uma consciência bondosa, permitindo que ele seja simplesmente como é.
- Se perceber qualquer tensão remanescente no seu corpo, tente enviar a respiração para dentro e para fora das sensações, investigando-as e permitindo que elas estejam ali. Você pode lembrar a si mesmo: "Está tudo bem. Obrigado por tentar me proteger. Consigo sentir isso".
- À medida que a prática chega ao fim, veja se consegue trazer essa consciência permissiva e carinhosa para os momentos seguintes do seu dia.

94. Inspire, deixe ir

🕐 10 minutos

Recebemos tantas mensagens falando que devemos estar sempre felizes que acabamos pensando que algo está errado quando nos sentimos tristes, frustrados ou ansiosos. A tristeza pode trazer à tona o medo de uma depressão iminente, e a ansiedade pode nos jogar em uma espiral que pode acabar em pânico. Mas nossa falta de vontade de vivenciar essas dificuldades, naturais de todo ser humano, não as impede de acontecer; só cria mais angústia e esgota nossa energia. Quando podemos aceitar e permitir o desconforto, mesmo que por um momento, entramos na liberdade de deixar ir.

- Para esta prática, adote uma postura que pareça confortável e desperta ao momento presente. Deixe as mãos descansarem relaxadas no colo e permita que os olhos se fechem com suavidade.
- Veja se consegue reunir sua atenção e chegar a este momento. Sinta os pontos onde o corpo encontra a superfície na qual você está sentado.
- Quando estiver pronto, mude sua atenção para sentir o corpo respirando. Por alguns minutos, sinta toda a extensão da sua inspiração e da sua expiração. Repouse a atenção nas sensações da respiração.
- Dedique um momento para perceber como sua mente está. Está ocupada ou tranquila? Aberta ou contraída? O que quer que você perceba, veja se consegue simplesmente aceitar e permitir que isso seja como é. Então, gentilmente, deixe ir.
- Ao inspirar, convide a aceitação e a permissão e, ao expirar, deixe ir. Você pode repetir para si mesmo a frase "aceitar e permitir" enquanto inspira e "deixar ir" enquanto expira.
- Em seguida, dedique um instante para perceber como seu corpo está neste momento. Observe qualquer sensação de tensão, peso ou contração. Veja se consegue aceitar com bondade o que quer que perceba e permitir que seja dessa forma. Então, com suavidade, deixe ir.
- Quando inspirar, convide a aceitação e a permissão e, quando expirar, deixe ir. Continue respirando dessa forma, repetindo essas palavras em silêncio enquanto inspira e expira. Aprofunde sua consciência e sua atitude de deixar ir.
- Por fim, passe um minuto sentado, em silêncio, ciente do seu corpo e da sua respiração.

95. Largando a corda

🕐 10 minutos

Quando nos sentimos presos, resistindo ao momento presente, é como se estivéssemos brincando de cabo de guerra com um monstro no fundo de um lago. Quanto mais força usamos para segurar a corda, mais para perto da margem o monstro nos puxa. Quanto mais tentamos resistir, mais chão perdemos. É hora de largar a corda. Acredite, a dor não vai durar para sempre; a energia que você gasta lutando contra o monstro está tirando sua capacidade de experimentar a vida. Tente fazer este exercício regularmente, em especial quando perceber esse cabo de guerra interno.

- Sente-se com uma postura que pareça relaxada, aberta e alerta. Você pode deixar os olhos fechados ou lançar o olhar com suavidade para baixo.
- Dedique alguns minutos a sentir o peso do seu corpo apoiado na cadeira ou no sofá. Também sinta as costas eretas e o peito aberto.
- Em seguida, faça algumas respirações intensas. Inspire profundamente e solte o ar pela boca de modo a provocar um barulho.
- Depois de fazer isso algumas vezes, deixe a respiração voltar ao ritmo natural e sinta o ar entrando e saindo.
- Ao inspirar, feche as mãos e aperte os punhos com força. Ao expirar, solte as mãos, permitindo que elas se abram com suavidade. Continue inspirando e fechando as mãos, expirando e abrindo-as.
- Enquanto respira, preste atenção às sensações nas mãos, de segurar e deixar ir.

- Caso sua atenção divague ou um pensamento lhe atraia, guie seu foco de volta às sensações de segurar e deixar ir. Ao expirar, você pode imaginar que está largando a corda.
- Durante os últimos momentos desta prática, deixe de lado qualquer movimento ou esforço e ancore sua atenção na respiração.
- Se achar que esta prática foi útil e o ajudou a deixar as coisas irem, você pode usá-la ao longo do dia.

96. Afrouxe o aperto

🕐 10 minutos

É difícil deixar ir porque pensamos que isso significa desistir, ceder ou afirmar que está tudo bem. A verdade é que deixar ir não tem nada a ver com nossos julgamentos sobre se algo está certo ou errado. Também não significa que a dificuldade se esvaiu por completo. Pelo contrário, deixar ir significa que afrouxamos nosso aperto e paramos de lutar contra a realidade. Christina Feldman e Jack Kornfield descrevem o dano que fazemos a nós mesmos quando não deixamos ir: "Aquilo que perdemos nunca foi nosso de verdade, aquilo a que nos agarramos profundamente só nos aprisiona".

- Comece esta prática encontrando uma postura que seja alerta, confortável e relaxada. Você pode fechar os olhos ou lançar o olhar com suavidade para o chão.
- Comece percebendo a sensação de estar acomodado ali, neste momento, sentindo seu corpo. Note qualquer ponto onde seu corpo encontra a superfície na qual você está sentado. Permita que seu corpo relaxe.

- Deixe sua atenção mudar do corpo para a respiração. Dedique alguns minutos a simplesmente sentir seu corpo respirar. Veja se consegue permitir que sua atenção repouse no ar que entra e sai do corpo.
- Quando sentir que está pronto, traga à mente uma situação contra a qual você está ou lutando ou uma a que esteja resistindo. Dedique um momento a simplesmente reconhecer os fatos dessa situação.
- Veja se consegue observar gentilmente quaisquer pensamentos ou ainda julgamentos que surjam em sua mente, sem se envolver no enredo deles. Reconheça quaisquer emoções que essa dificuldade acarrete. Lembre-se de que tudo em você é bem-vindo e que não tem problema se sentir dessa forma.
- Volte sua atenção ao corpo, para perceber onde essa dificuldade é sentida. Faça gentilmente uma varredura corporal, em busca de tensões, apertos ou pressões. Se detectar qualquer sensação difícil, passe um tempo inspirando e expirando. Permita que isso seja um gesto de reconhecimento e de abertura de espaço.
- Enquanto permite que as sensações fiquem ali, você pode dizer si mesmo: "Está tudo bem, isso já está aqui, deixe-me ficar com isso".
- Se perceber que começou a pensar sobre a dificuldade, volte a notar como ela é sentida no seu corpo. Em vez de tentar mudar as sensações, veja se consegue mantê-las com gentileza.
- Durante os últimos minutos desta prática, faça algumas respirações profundas, permitindo que o ar saia pela boca, fazendo barulho. Deixe que isso exprima seus esforços para afrouxar o aperto.

97. Reconheça a impermanência

🕐 10 minutos

Nós adiamos nossa felicidade. "Vou me preocupar com encontrar um parceiro quando conseguir um emprego de verdade". "Vou me concentrar nos meus hobbies quando tiver mais dinheiro". Podemos passar a vida toda nos esforçando e nos preparando para algum futuro melhor e mais brilhante, quando finalmente seremos felizes. No meu caso, o diagnóstico de câncer da minha mãe fez eu acordar da loucura dessa abordagem. A verdade é que só temos este momento garantido. Se permitirmos, o reconhecimento da fragilidade da vida e da impermanência pode nos ajudar a deixar ir e nos fazer aproveitar a vida agora.

- Sente-se com uma postura que seja confortável. Permita que sua coluna fique ereta e relaxada. Você pode fechar os olhos ou lançar o olhar para baixo com suavidade.
- Passe alguns minutos entrando em contato com as sensações de estar sentado. Entre em sintonia com a sensação do seu corpo apoiado na cadeira ou no sofá, e sinta o peso dele descansando ali.
- Preste atenção à respiração. Veja onde você a sente com mais clareza e permita que sua atenção repouse ali.
- Quando estiver pronto, dedique alguns momentos a pensar no que você está adiando, postergando ou sacrificando até que algum futuro objetivo seja alcançado.
- Faça algumas respirações profundas para permitir que sua mente relaxe. Comece a se perguntar como você quer que sua vida seja, além de objetivos específicos que deseja alcançar. Imagine-se com mais idade e olhando para trás, para o que passou. O que teria importado mais?

- Por fim, reflita sobre como você pode abordar o momento atual de forma diferente se deixar o esforço de lado e permitir que suas ações sejam guiadas pelas suas intenções mais profundas de vida.
- À medida que esta prática chega ao fim, pense na seguinte citação de Ram Dass: "Nossa jornada diz respeito a estarmos mais profundamente envolvidos na vida e menos apegados a ela".

98. Lide com a raiva

🕐 10 minutos

Lidar com a raiva é um terreno fértil para deixar ir. Com a atenção plena, podemos começar a ver as várias camadas da nossa experiência, incluindo como reações às experiências dolorosas costumam alimentar a raiva que sentimos. Buda descreveu isso como ser atingido por duas flechas. A primeira flecha, o acontecimento inicial em si, é a experiência dolorosa que enfrentamos. A segunda flecha é a que atiramos em nós mesmos: nosso apego, talvez à necessidade de estarmos certos ou de nos sentirmos poderosos. Ao prestarmos atenção às menores irritações, medos ou frustrações, podemos começar a ver a primeira flecha com mais clareza antes que ela se transforme em raiva.

- Comece esta prática encontrando uma postura que incorpore um senso de dignidade e de estar desperto. Permita que seu corpo relaxe o máximo que puder, suavizando a testa, os ombros e o abdômen. Você pode fechar os olhos ou lançar o olhar para baixo com suavidade.

- Comece sentindo seu corpo aterrado ali, neste momento. Estabeleça uma base sólida com o chão, percebendo-se durante alguns instantes, focado apenas nas sensações de estar sentado.
- Assim que se sentir aterrado, traga à mente uma irritação, um sentimento de frustração ou ainda uma dor atual que sente. Permita que ela fique com você por um momento e comece a observar que pensamentos surgem e que emoções se fazem presentes quando pensa nessa situação.
- Então, dedique um momento a prestar atenção a qualquer sensação de contração, aperto ou tensão no seu corpo. Permita que sua atenção repouse suavemente com o que você sente. Sinta o que quer que esteja presente e permita que fique ali.
- Enquanto reconhece esse desconforto no seu corpo, veja se consegue perceber qualquer necessidade não satisfeita ou alguma ferida existente em si mesmo. Pergunte-se o que pode ser a primeira flecha? Do que você mais precisa? Você precisa sentir-se compreendido, cuidado, apreciado ou seguro?
- Agora, perceba se consegue trazer em sua mente uma sensação de consciência e bondade para essa necessidade. Você pode colocar gentilmente a mão no seu corpo e oferecer um desejo de compaixão a qualquer coisa que seja necessária.
- Continue a respirar enquanto reconhece e cuida de qualquer vulnerabilidade.
- À medida que a prática chega ao fim, sinta seu corpo durante alguns momentos mais uma vez. Mantenha o corpo e a respiração na sua consciência, com suavidade,

antes de abrir os olhos de forma lenta e gentil e ampliar o olhar.

99. Localize o fogo

🕐 10 minutos

Nos nossos esforços de evitar emoções dolorosas, geralmente desenvolvemos hábitos inúteis que nos mantêm presos. Esses hábitos se tornam tão automáticos que deixamos de reconhecer o que os motivaram, como se estivéssemos correndo por aí, desligando alarmes de incêndio, sem antes saber onde está o fogo. Com a atenção plena, podemos aprender a responder em vez de reagir: perceber o disparo do alarme, reconhecer o desejo de desligá-lo, mas voltar nossa atenção para localizar o fogo e não acrescentar combustível ao incêndio. Em vez de deixar que esses hábitos nos dominem, podemos transformá-los em oportunidades para despertar.

- Veja se consegue perceber quando um hábito inútil entra em ação. Talvez você se pegue querendo comer quando não está com fome, tirar uma soneca quando já dormiu o suficiente ou cair na autocrítica.
- Comece adotando uma postura alerta. Permita que sua coluna permaneça ereta, deixe os ombros relaxarem e feche os olhos com suavidade.
- Tente dedicar um momento a simplesmente perceber qual alarme está disparando em vez de correr para desligá-lo. Perceba a paisagem da sua experiência neste momento. O que está em você? Perceba e rotule gentilmente quaisquer pensamentos, emoções ou sensações.

- Assim que tiver uma noção da sua experiência neste momento, veja se consegue fazer algumas respirações profundas e, de forma respeitosa, deixe estar. Não há nada para consertar ou resolver.
- Investigue com gentileza a situação presente. Onde está o fogo? O que está em você? Qual dor ou desconforto está em você e requer sua atenção?
- Em vez de apenas pensar a respeito, veja se consegue conduzir sua atenção para o corpo e detectar qualquer tensão, resistência ou cólera.
- Você pode confortar seu corpo com a mão, ao mesmo tempo que pergunta a si mesmo: "O que é necessário neste momento para que eu seja capaz de lidar com minha dor ou com o desconforto que estou sentindo?", "Como posso cuidar melhor de mim mesmo enquanto o fogo se apaga?" "Qual resposta seria gentil, útil e sensata?".
- À medida que a prática vai chegando ao fim, veja se consegue seguir em frente, mantendo total atenção ao momento presente.

100. Convide o vento a soprar

🕐 10 minutos

Deixar ir não é algo que podemos forçar. É como esperar que o vento sopre. A única coisa que conseguimos fazer é trabalhar para criar as condições para que o ato de deixar ir aconteça em nós. Primeiro, podemos brilhar a luz da consciência no nosso apego. Segundo, quando a aversão nos diz que a experiência vai durar para sempre, podemos nos lembrar de que não existe nada que seja permanente. Por fim, conforme estes passos abrirem a porta, a autocompaixão pode convidar o vento do desapego a soprar.

- Encontre uma posição confortável, desperta e tranquila. Você pode fechar os olhos ou lançar gentilmente o olhar para baixo.
- Dedique alguns minutos a relaxar no momento presente, prestando atenção ao seu corpo sentado ali e ao ar entrando e saindo. Permita que sua atenção navegue nas ondas da respiração.
- Quando você estiver se sentindo relativamente relaxado, traga à consciência uma pessoa ou um animal de estimação que o amou ou o ama incondicionalmente. Visualize essa pessoa ou esse animal na sua mente e permita-se repousar no carinho e no cuidado desse amor por você. Mesmo que não se sinta merecedor ou digno, reconheça que esse amor está presente. Sinta o amor dele ou dela por você como você é.
- Agora, permita-se tornar a fonte e o objeto desse sentimento. Você pode sentir sua respiração e a região do coração enquanto diz a si mesmo, internamente:

> *Que eu esteja a salvo de danos internos e externos.*
> *Que eu viva com tranquilidade e alegria.*
> *Que eu seja saudável e inteiro quanto for possível.*
> *Que eu esteja ciente da minha vida do jeito que ela é.*

- Continue a repetir essas frases para si mesmo, permitindo-se senti-las por completo.
- Se sua mente divagar, guie-a de volta gentilmente para a respiração e para essas frases.

- Quando estiver pronto, imagine alguém que você ama com muita facilidade. Pode ser uma pessoa ou um animal de estimação. Durante alguns minutos, mantenha essa pessoa ou esse animal na mente enquanto envia as seguintes mensagens de amor e os seguintes votos carinhosos para ela ou ele:

    Que você esteja a salvo de danos internos e externos.
    Que você viva com tranquilidade e alegria.
    Que você seja saudável e inteiro quanto for possível.
    Que você esteja ciente da vida do jeito que ela é.

- Agora, deixe ir qualquer frase em particular e foco de atenção. Permita que a atenção repouse nas sensações do seu corpo sentado ali. Dedique alguns momentos para repousar com a compaixão cultivada. Mesmo que esta prática às vezes pareça forçada ou constrangedora, parabenize-se por convidar o vento a soprar.

Palavras de encorajamento

Deixar ir é muito diferente de desistir ou mesmo de tolerar um comportamento que você desaprova. Pelo contrário, deixar ir é suportar a verdade do momento com coragem e graça. Com o tempo, a atenção plena nos permite encontrar com habilidade o que a vida nos oferece. Ela permite que nos livremos das expectativas que, em última instância, nos causam dor. A atenção plena é um processo, não um destino. Em cada momento, devemos calibrar (e recalibrar) nossa bússola em direção ao deixar ir.

Reflexão

O que você percebeu enquanto fazia essas meditações? Que aspectos da sua experiência se destacaram? Como pode aplicar a atitude de deixar ir ao seu dia a dia?

A prática da meditação não diz respeito a jogarmos tudo que somos fora e nos tornarmos algo melhor. Diz respeito a aceitar quem já somos.

Pema Chödrön, monja budista e escritora

9

Autocompaixão contínua

A atenção plena nos permite prestar atenção aos padrões habituais que nos deixam vulneráveis à depressão. Ao trazer uma consciência compassiva ao momento presente, podemos ficar atentos aos primeiros sinais de alerta da depressão — pensamentos, emoções, sensações e comportamentos.

Embora não possamos nos livrar dos pensamentos e das emoções, podemos mudar o jeito como lidamos com eles. Quando abordamos esses pensamentos e essas emoções com cuidado e firmeza, criamos espaço para a sabedoria. Nem sempre é fácil escolher ações que são genuinamente gentis, mas com isso formamos a base de uma forma mais verdadeira de autocuidado. Lembre-se de que a intenção da atenção plena é nos ajudar a sair das espirais de autocrítica, e não um motivo para nos punirmos. Para evitar essa armadilha, devemos integrar continuamente a compaixão à nossa prática.

Nossas vidas são ocupadas e, em geral, tumultuadas, de modo que exercem uma forte atração para que entremos no piloto automático e na atenção dividida. É fácil sermos levados pelo "temos que" e pelo "devemos". Manter a consciência exige um compromisso deliberado e constante. Para mim, significa uma prática regular de atenção plena, por mais curta que seja. Uma base crítica sobre a qual podemos construir outras práticas para lidar com emoções difíceis ou padrões de comportamento e cultivar uma bondade amorosa.

Para que nossas ações sejam guiadas pela nossa intenção de como queremos viver nossa vida, e não pelo ímpeto dos velhos padrões, temos de encontrar um modo de praticar a atenção plena.

Felizmente, podemos aplicar as mesmas atitudes que cultivamos ao longo deste livro para criar um padrão de prática que apoiará a consciência. Isso significa olhar para nosso interior a fim de determinar o que é realmente administrável e começar por aí. Vale destacar que a atenção plena não é uma solução rápida. Assim como não dá para manobrar um navio grande de uma vez só, não dá para mudar nossa perspectiva do dia para a noite. Pequenos movimentos sustentados em uma direção (em grande parte) consistente, enquanto nos permitimos a bondade, são o caminho para um novo lugar.

Entre as práticas que fizemos até agora, pense em quais serão as mais úteis para que você siga em frente. Isso não quer dizer, necessariamente, escolher a mais fácil ou a "favorita", mas escolher aquelas que lhe proporcionarão mais esclarecimento, bem-estar e sabedoria, dadas suas necessidades atuais. A atenção é como um músculo: precisamos condicioná-lo com regularidade a fim de sermos capazes de levantar os maiores pesos da vida, quando isso for necessário.

Consciência diária

Este livro foi projetado com a intenção de lhe propiciar habilidades para abordar sua experiência com atitudes que apoiem seu estado de espírito e bem-estar. Escolha um determinado momento do dia que seja realista para você praticar diariamente. A frequência vai ajudá-lo a estabelecer uma prática e uma consciência capazes de fazê-lo entrar na "mente que é" quando necessário.

Trate a atenção plena do mesmo modo que você trata outros hábitos saudáveis importantes. Não podemos escovar os dentes uma vez ao dia, dizendo que está bom para o restante da semana, e esperarmos ter uma boa higiene oral. Relacionar a prática da atenção plena com um lugar e um horário pode ajudá-lo a adquirir um novo hábito. Em geral, é útil determinar um objetivo minúsculo, quase absurdamente pequeno, quando tentamos formar um novo hábito. No caso da atenção plena, você pode, por exemplo, estabelecer o objetivo de meditar por apenas um minuto todos os dias, ao acordar; ou trazer sua atenção completa, de propósito, enquanto toma uma xícara de café de manhã. Você pode definir o objetivo de fazer apenas uma das minimeditações deste livro por dia. Vai ser maravilhoso se você for além do seu objetivo, mas um minuto é um bom começo. Conforme a meditação se tornar parte da sua rotina, você tenderá a fazer práticas mais longas.

Precisamos ser flexíveis com nós mesmos, saber que a atenção plena não é apenas sentar-se para meditar. Ela é a consciência que trazemos para o nosso cotidiano. Durante o dia, você consegue voltar a sentir seu corpo e seus pés firmes no chão? Consegue notar quando está travando a mandíbula e, com gentileza, respirar e deixar para lá? Conforme estabelece os detalhes prosaicos da prática contínua, é importante sempre manter uma atitude de gentileza em relação a si mesmo. Como diz Tara Brach: "O ato revolucionário de tratar si mesmo com ternura começa a desfazer as mensagens desagradáveis de uma vida inteira".

Por fim, quando sabemos por que praticamos a atenção plena, podemos reforçar a capacidade de praticá-la de modo consistente. Talvez façamos isso para conseguir mais bem-estar, conexão, clareza ou entendimento. Em vez de objetivos a ser alcançados, esses valores e essas aspirações podem ser a fonte de motivação contínua que permanece no horizonte quando percebemos os muitos obstáculos para dedicar um tempo à prática. Mesmo se nos desviarmos do percurso, ainda podemos olhar para o que está diante de nós, lembrar nossos valores e recalibrar nosso caminho.

O jeito consciente

As ferramentas apresentadas aqui são blocos de construção que podem nos ajudar a responder de forma consciente às dificuldades, em vez de reagirmos automaticamente de modo a aumentar nosso sofrimento. Essas atitudes são a base de uma nova abordagem da nossa experiência. Quando permitimos a nós mesmos saber a natureza da dificuldade, podemos resolvê-la com mais habilidade.

Às vezes, um caminho claro de ação sensata pode emergir simplesmente prestando atenção. Outras vezes, nos deparamos com circunstâncias internas e externas que não podemos mudar. Nessas situações, os vários modos de tentar controlar a realidade só aumentam a sensação de esgotamento, desespero e depressão. Cada uma das atitudes atentas sobre as quais falamos aqui abrem espaço para que possamos nos apegar a nós mesmos e recuperar o poder de escolha. Em vez de lutar, podemos escolher aceitar a situação como ela é, incluindo nossas reações a ela. Ao fazer essa escolha, diminuímos as chances de a depressão tomar conta de nós e nutrimos nosso relacionamento com nós mesmos.

Ao adotar o jeito consciente, aprendemos que, mesmo diante de uma dificuldade, podemos aproveitar a sabedoria, a coragem e a bondade que já existem dentro de nós. É possível termos consolo, uma vez e outras mais.

Recursos

Livros

BRACH, Tara. *Aceitação radical: Como despertar o amor que cura o medo e a vergonha dentro de nós*. Prefácio de Jack Kornfield. Rio de Janeiro: Sextante, 2021.

CHÖDRÖN, Pema. *Quando tudo se desfaz: Orientação para tempos difíceis*. 4. ed. Rio de Janeiro: Gryphus, 2012.

GERMER, Christopher K. *The Mindful Path to Self-Compassion: Freeing Yourself from Destructive Thoughts and Emotions*. Prefácio de Sharon Salzberg. Nova York: Guilford Press, 2009.

GUNARATANA, Henepola. *Mindfulness in Plain English*. Boston: Wisdom Publications, 1991.

HANH, Thich Nhat. *O milagre da atenção plena: Uma introdução à prática da meditação*. Petrópolis: Vozes, 2018.

KABAT-ZINN, Jon. *Aonde quer que você vá, é você que está lá: Um guia prático para cultivar a atenção plena na vida diária*. Rio de Janeiro: Sextante, 2020.

KORNFIELD, Jack. *The Wise Heart: A Guide to the Universal Teachings of Buddhist Psychology*. Nova York: Bantam Books, 2008.

NEFF, Kristin. *Autocompaixão: Pare de se torturar e deixe a insegurança para trás*. Teresópolis: Lúcida Letra, 2017.

ORSILLO, Susan M; ROEMER, Lizabeth. *The Mindful Way Through Anxiety: Break Free from Chronic Worry and Reclaim Your Life*. Prefácio de Zindel V. Segal. Nova York: Guilford Press, 2011.

SALZBERG, Sharon. *Lovingkindness: The Revolutionary Art of Happiness.* Prefácio de Jon Kabat-Zinn. Boston: Shambhala Publications, 1995.

WILLIAMS, Mark; TEASDALE, John; SEGAL, Zindel; KABAT-ZINN, Jon. *The Mindful Way Through Depression: Freeing Yourself from Chronic Unhappiness.* Nova York: Guilford Press, 2007.

Meditações guiadas

Kristen Neff: self-compassion.org/category/exercises/#guided-meditations.

Susan M. Orsillo e Lizabeth Roemer: mindfulwaythroughanxiety.com/exercises.

Tara Brach: tarabrach.com/guided-meditations.

Universidade da Califórnia, San Diego, Centro para Mindfulness: medschool.ucsd.edu/som/fmph/research/mindfulness/programs/mindfulness-programs/mbsr-programs/pages/audio.aspx.

Aplicativos

Calm: calm.com.

Headspace: headspace.com.

Insight Timer: insighttimer.com.

Referências bibliográficas

BLAKE, William. *The Complete Poetry and Prose of William Blake*. Edição revisada por David V. Erdman. Comentários de Harold Bloom. Nova York: Anchor Books, 1988.

BRACH, Tara. *Aceitação radical: Como despertar o amor que cura o medo e a vergonha dentro de nós*. Prefácio de Jack Kornfield. Rio de Janeiro: Sextante, 2021.

BRODY, Debra J.; PRATT, Laura A.; HUGHES, Jeffery P. *Prevalence of Depression Among Adults Aged 20 and Over: United States, 2013-2016*. NCHS Data Brief, n. 303. Hyattsville, MD: Centers for Disease Control and Prevention, National Center for Health Statistics, 2018.

CATHERINE, Shaila. *Focused and Fearless: A Meditator's Guide to States of Deep Joy, Calm, and Clarity*. Boston: Wisdom Publications, 2008.

CHAH, Ajahn. *Being Dharma: The Essence of the Buddha's Teachings*. Traduzido por Paul Breiter. Prefácio de Jack Kornfield. Boston: Shambhala Publications, 2001.

CHAH, Ajahn. *A Still Forest Pool: The Insight Meditation of Achaan Chah*. Organizado por Jack Kornfield e Paul Breiter. Wheaton, IL: Quest Books, 1985.

CHÖDRÖN, Pema. "Meditating with Emotions: Drop the Story and Find the Feeling". *Tricycle* 22, n. 4. Disponível em: tricycle.org/magazine/meditating-emotions. Acesso em: 20 out. 2021.

CHÖDRÖN, Pema. *Quando tudo se desfaz: Orientação para tempos difíceis*. 4. ed. Rio de Janeiro: Gryphus, 2012.

Referências bibliográficas | 197

CHÖDRÖN, Pema. *The Wisdom of No Escape: And the Path of Lovingkindness.* Boston: Shambhala Publications, 2010.

DASS, Ram. *One-Liners: A Mini-Manual for a Spiritual Life.* Nova York: Bell Tower, 2002.

MITCHELL, Stephen [org.]. *The Enlightened Heart: An Anthology of Sacred Poetry.* Nova York: Harper Perennial, 1993.

FAULDS, Danna. *Go In and In: Poems from the Heart of Yoga.* Kearney, NE: Morris Publishing, 2002.

FRANKL, Viktor E. *Man's Search for Meaning: An Introduction to Logotherapy.* 4. ed. Traduzido por Ilse Lasch, Harold S. Kushner e William J. Winslade. Prefácio de Gordon W. Allport. Boston: Beacon Press, 1992.

HANH, Thich Nhat. *Being Peace.* Introdução de Jack Kornfield. Edição revisada por Rachel Neumann. Berkeley, CA: Parallax Press, 2005.

HANH, Thich Nhat. *Happiness: Essential Mindfulness Practices.* Berkeley, CA: Parallax Press, 2009.

HANH, Thich Nhat. *Living Buddha, Living Christ.* Edição de 20º aniversário. Introdução de Elaine Pagels e prefácio de David Steindl-Rast. Nova York: Riverhead Books, 2007.

HANH, Thich Nhat. *Love Letter to the Earth.* Berkeley, CA: Parallax Press, 2013.

KABAT-ZINN, Jon. *Full Catastrophe Living: Using the Wisdom of Your Body and Mind to Face Stress, Pain, and Illness.* Edição de 15º aniversário. Nova York: Delta, 2005.

KABAT-ZINN, Jon. *Aonde quer que você vá, é você que está lá: Um guia prático para cultivar a atenção plena na vida diária.* Rio de Janeiro: Sextante, 2020.

KING, Ruth. *Mindful of Race: Transforming Racism from the Inside Out.* Boulder, CO: Sounds True, 2018.

KNASTER, Mirka. *Discovering the Body's Wisdom: A Comprehensive Guide to More than Fifty Mind-Body Practices That Can Relieve Pain, Reduce Stress, and Foster Health, Spiritual Growth, and Inner Peace.* Nova York: Bantam Books, 1996.

KORNFIELD, Jack. *The Wise Heart: A Guide to the Universal Teachings of Buddhist Psychology.* Nova York: Bantam Books, 2008.

LAMPERT, Noah. "Faith and Meditation". Real Happiness Meditation Challenge (blog). 3 fev. 2015. Disponível em: <sharonsalzberg.com/faith-meditation>.

LAO Tzu. *Tao Te Ching: The Book of the Way.* Traduzido por Dwight Goddard. Revisado por Sam Torode. Nashville, TN: Sam Torode Book Arts, 2009.

LAO Tzu. *Tao Te Ching: A New English Version.* Traduzido por Stephen Mitchell. Nova York: Harper Perennial, 1988.

LAO Tzu. *The Way of Life According to Lao Tzu: An American Version.* Traduzido por Witter Bynner. Nova York: Perigee Books, 1986.

LITTLE, Tias. "Working with Difficult Emotions in Yoga". Yoga International. Disponível em: yogainternational.com/article/view/working-with-emotions-in-yoga. Acesso em: 24 jul. 2020.

NEFF, Kristin. *Autocompaixão: Pare de se torturar e deixe a insegurança para trás.* Teresópolis: Lúcida Letra, 2017.

OGDEN, Pat; MINTON, Kekuni; PAIN, Clare. *Trauma and the Body: A Sensorimotor Approach to Psychotherapy.* Prefácio de Daniel J. Siegel e Bessel van der Kolk. Nova York: W Norton, 2006.

Referências bibliográficas | 199

OLIVER, Mary. *Swan: Poems and Prose Poems*. Boston: Beacon Press, 2010.

ORSILLO, Susan M.; ROEMER, Lizabeth. *The Mindful Way Through Anxiety: Break Free from Chronic Worry and Reclaim Your Life*. Nova York: Guilford Press, 2011.

PUEBLO, Yung (yung_pueblo). "Old Patterns Do Not Give Up Easily". Foto do Instagram, 18 jun. 2020. Disponível em: Disponível em: <instagram.com/p/CBlG-dSjRPx.

ROGERS, Carl. *On Becoming a Person: A Therapist's View of Psychotherapy*. Introdução de Peter D. Kramer. Nova York: Mariner Books, 1995.

RUMI, Jalal al-Din. *The Essential Rumi: New Expanded Edition*. Traduzido por Coleman Barks, com John Moyne, A. A. Arberry e Reynold Nicholson. San Francisco: HarperCollins, 2004.

SAHN, Seung. "Not Just a Human World". *Kwan Um School of Zen Teaching Library*. 31 mai. 1990. Disponível em: kwanumzen.org/teaching-library/1990/06/01/not-just-a-human-world.

SALZBERG, Sharon. *Lovingkindness: The Revolutionary Art of Happiness*. Prefácio de Jon Kabat-Zinn. Boston: Shambhala Publications, 1995.

SALZBERG, Sharon. *A real felicidade: O poder da meditação*. Rio de Janeiro: Magnitude, 2013.

SEGAL, Zindel; WILLIAMS, Mark; TEASDALE, John. *Mindfulness-Based Cognitive Therapy for Depression*. 2. ed. Prefácio de Jon Kabat-Zinn. Nova York: Guilford Press, 2013. *Stories of the Spirit, Stories of the Heart: Parables of the Spiritual Path from Around the World*. Edição de Christina Feldman e Jack Kornfield. San Francisco: Harper San Francisco, 1991.

U.S. DEPARTMENT OF HEALTH AND HUMAN SERVICES. "Substance Abuse and Mental Health Services Administration". *Results from the 2011 National Survey on Drug Use and Health: Mental Health Findings*. Rockville, MD: Substance Abuse and Mental Health Services Administration, 2012.

SUZUKI, Shunryu. *Zen Mind, Beginner's Mind: Informal Talks on Zen Meditation and Practice*. Edição de 50° aniversário. Editado por Trudy Dixon. Prefácio de Huston Smith, introdução de Richard Baker, e posfácio de David Chadwick. Boston: Shambhala Publications, 2020.

TEASDALE, John; WILLIAMS, Mark; SEGAL, Zindel. *The Mindful Way Workbook: An 8-Week Program to Free Yourself from Depression and Emotional Distress*. Prefácio de Jon Kabat-Zinn. Nova York: Guilford Press, 2014.

TOLLE, Eckhart. *A New Earth: Awakening to Your Life's Purpose*. Edição de 10° aniversário. Nova York: Penguin Books, 2016.

TOLLE, Eckhart. *O poder do agora: Um guia para a iluminação espiritual*. Rio de Janeiro: Sextante, 2000.

WATTS, Alan W. *The Essence of Alan Watts*. Millbrae, CA: Celestial Arts, 1977.

WATTS, Alan W. *A sabedoria da insegurança: Uma mensagem para a Era da Ansiedade*. Introdução de Deepak Chopra. São Paulo: Alaúde, 2017.

Índice remissivo

A

A mente de principiante

   A paisagem dos
sentimentos, 44

   Chegue ao lugar em que
você está, 28

   Conferência de
temperatura, 31

   Conforto na incerteza, 41

   Consciência da rotina, 37

   Descubra sua respiração, 29

   Desvencilhe-se, 40

   Escuta atenta, 32

   Esteja atrás de seus
olhos, 34

   Explorando os aromas, 36

   Investigando
expectativas, 43

   Não existem duas
respirações iguais, 35

   Nova perspectiva, 33

   Uma exploração consciente
dos alimentos, 38

Aceitação radical (Brach), 70, 84,
194, 196

   Aceitação. *Ver também*
O deixar ir

A casa de hóspedes de
Rumi, 81

   Apenas essa respiração, 90

   Autoaceitação, 89

   Caminhe em paz, 77

   Diga sim, 84

   Dois pés, uma
respiração, 74

   Explore a dificuldade, 86

   Meditação da
montanha, 87

   Navegue as ondas, 79

   O poder no espaço
intermediário, 74

   Receba o som de tudo ao
seu redor, 76

   Suavizando, 72, 131, 152, 181

   Trocando de marcha, 82

   Um leve sorriso em
situações difíceis, 92

   Um leve sorriso, 81, 92

Amor-gentileza, 64, 65, 66

Apego

   Beije a alegria, 146

   Conecte-se com o
propósito, 157

Atenção plena, 181, 183, 187, 189,

190, 191, 192, 194, 197

Atenção

    Chegue ao lugar em que você está, 28

    Um caminho consciente, 107

Autoaceitação, 89

Autocompaixão

    Amar nossas imperfeições, 134

    Convide o vento a soprar, 185

    Encontre a graça, 161

    Uma atitude de amizade interna, 66

Aversão, 71, 72, 122, 162, 184

B

Blake, William, 147

Brach, Tara, 70, 84, 131, 192, 194, 195

C

Catherine, Shaila, 174

Chah, Ajahn, 94

Chödrön, Pema, 59, 96, 134, 188

Comer

    Exploração consciente dos alimentos, 38

    Uma refeição consciente, 98

Comunicação, 67, 68

Confiança

    Abra-se para o fluxo, 121

Além do pensamento, 128

Amar nossas imperfeições, 134

Aprenda com a respiração, 116

Confiança na impermanência, 129

Dar e receber, 133

Brilhe, 136

Folhas flutuando por aí, 119

Mente sensata, 125, 126

Movimento momento a momento, 122

Nosso lugar na natureza, 124

Ouça seu corpo, 127

Receba a incerteza com compaixão, 131

Seja amigo do seu corpo, 118

Um dia novo em folha, 117

Consciência

    Abra-se para o fluxo, 121

    Adeus, agendas, 144

    Consciência da rotina, 37

    Convide o vento a soprar, 184

    Dissolvendo, 171

    Navegue as ondas, 79

    Um caminho consciente, 108

    Veja a armadilha, 169

Controle

    Conecte-se com o propósito, 157

Deixe as preocupações para
trás, 152

Deixe fluir, 143

Diminua o ritmo, 99

O poder no espaço
intermediário, 74

Corpo, físico. *Ver também*
Movimento, Sentidos

Adeus, agendas, 144

Conferência de
temperatura, 31

Dissolvendo, 171

Durma bem, 160

Esteja com seu corpo, 102

Ouça seu corpo, 126

Ouça seus limites, 148

Reconheça a resistência, 174

Seja amigo do seu corpo, 118

Seu corpo é belo, 50

Suavizando, 73

Um leve sorriso em situações
difíceis, 92

Um leve sorriso, 81, 82, 92

D

Dass, Ram, 17, 181

Deixar ir. *Ver também* Aceitação

Aberto à paisagem
sonora, 167

Afrouxe o aperto, 178

Convide o vento a soprar, 184

Deixe o enredo ir embora, 173

Dissolvendo, 171

Inspire, deixe ir, 175

Largando a corda, 177, 178

Lide com a raiva, 181

Receber e libertar, 166

Reconheça a
impermanência, 180

Reconheça a resistência, 174

Reúna e deixe ir, 170

Veja a armadilha, 169

Depressão, 10, 11, 12, 13, 15, 16, 20,
21, 23, 27, 28, 40, 54, 63, 71, 80, 87,
115, 139, 155, 165, 175, 189, 193

Dificuldade

Afrouxe o aperto, 178

Entre na derrapagem, 151

Explore a dificuldade, 85

Um leve sorriso em situações
difíceis, 92

E

Emoções. *Ver* Sentimentos e
emoções, 12, 13, 16, 17, 18, 20, 24, 27,
30, 44, 52, 54, 55, 57, 58, 59, 60, 61,
62, 63, 74, 76, 80, 81, 83, 84, 90, 95,
96, 101, 106, 107, 108, 111, 121, 124,
128, 130, 141, 152, 154, 157, 161, 170,
174, 179, 182, 183, 189, 190

Equilíbrio, 53, 73, 105, 125

Escuta, 33

Esquivar-se, 18

Explore a dificuldade, 85

Expectativas, 21, 28, 43, 44, 186

F

Faulds, Danna, 160

Feldman, Christina, 178

H

Hábitos

Localize o fogo, 183

Reconheça a resistência, 174

Hanh, Thich Nhat, 29, 77, 109, 138

I

Impermanência

Confiança na impermanência, 129

Reconheça a impermanência, 180

Incerteza,

Confiança na impermanência, 180

Conforto na incerteza, 41

Desconectando, 154

Receba a incerteza com compaixão, 131

Intenção

Abra-se para o fluxo, 121

Um dia novo em folha, 116

J

Julgamento. *Ver também* O não julgamento, 11, 17, 20, 21, 24, 32, 33, 34, 35, 43, 47, 48, 49, 50, 53, 54, 55, 56, 57, 58, 60, 61, 64, 67, 68

Contagem de julgamentos na vida real, 54

De volta ao assento do motorista, 58

Encontre padrões, liberte a mente, 57

K

Kabat-Zinn, Jon, 20, 50, 165

King, Ruth, 171

Knaster, Mirka, 118

Kornfield, Jack, 41, 178

L

Lampert, Noah, 114

Little, Tias, 14

M

Meditação, 12, 13, 17, 20, 23, 24, 25, 28, 29, 31, 32, 36, 41, 44, 45, 58, 64, 67, 73, 79, 84, 85, 88, 91, 92, 94, 96, 97, 104, 129, 133, 142, 164, 169, 171, 173, 174, 188, 191

"Mente que é"

Mente sensata, 125

Trocando de marcha, 82

Índice remissivo | 205

"Mente que faz"

    Mente sensata, 125

    Trocando de marcha, 82

Mindful Way Through Anxiety, The
(Orsillo & Roemer), 62

Momento presente

    Aterramento, 140

    Beije a alegria, 147

    Navegue as ondas, 79

    Chegue em cada momento,

    Largando a corda, 177

    Lide com a espera, 101

    Mova-se com atenção, 52

    Navegue as ondas, 79

    Um caminho
    consciente, 108

Movimento

    Caminhe em paz, 77

    Mova-se com atenção, 52

    Movimento momento,
    a momento, 122

Mudança, 10, 11, 18, 19, 32, 39, 60,
68, 76, 89, 103, 129, 130, 140, 148,
149, 150, 160

N

Não esforço

    Deixe fluir, 143

    Desapegue, segure firme, 155

    Encontre a graça, 163

    Não precisa consertar, 159

    Ouça seus limites, 148

    Ser que respira, 142

Não julgamento

    Amor-gentileza, 64

    Comunicação
    sem julgamento, 67

    Contagem de julgamentos
    na vida real, 55

    Permita que sua respiração
    seja como ela é, 131

Natureza

    Meditação na montanha, 89

    Nosso lugar na natureza, 124

    Neff, Kristin, 161

O

Oliver, Mary, 153

Orsillo, Susan M., 62

P

Paciência

    Cercado de amor, 122

    Contar até dez, 106

    Conversa consciente, 109

    Diminua o ritmo, 99

    Esteja com seu corpo, 102

    Lide com a espera, 101

    Na gangorra, 105

    O que realmente
    importa?, 103

    Ondas de respiração, 96

Traçando uma nova
rota, 110

Um caminho
consciente, 108

Uma refeição
consciente, 98

Pensamentos

Além do pensamento, 128

Busque reparação, 56

De volta ao assento do
motorista, 58

Desvencilhe-se, 40, 41

Encontre padrões, liberte a
mente, 57

Navegue as ondas, 78

Os dez maiores sucessos, 63

Tirando as vendas, 55

Prazer

Beije a alegria, 146

Desapegue, segure
firme, 155

Pueblo, Yung, 164

Q

Quando tudo se desfaz
(Chödrön), 96

R

RAIN (acrônimo), 131, 132

Raiva, 47, 57, 62, 166, 181

Relacionamentos

Conversa consciente, 109

Não precisa consertar, 158

Resistência

Reconheça a resistência, 175

Respiração

Apenas esta respiração, 90

Aprenda com a
respiração, 117

Descubra sua respiração, 29

Dois pés, uma respiração, 74

Inspire, deixe ir, 176

Não existem duas
respirações iguais, 35

Ondas de respiração, 96

Permita que sua respiração
seja como ela é, 48

Receber e libertar, 166

Reúna e deixe ir, 170

Ser que respira, 142

Trocando de marcha, 82

Roemer, Lizabeth, 62

Rogers, Carl, 89

Rumi, 80

Ruminação

Aprenda com a
respiração, 117

Deixe as preocupações
para trás, 152

Deixe o enredo ir
embora, 173

Trocando de marcha, 83

S

Sahn, Seung, 46

Salzberg, Sharon, 25, 96

Sentidos

    Nova perspectiva, 33

    Uma refeição consciente, 99

Sentimentos e emoções

    A paisagem dos

    sentimentos, 44

    Contar até dez, 106

    Cultive a

    curiosidade, 59, 60

    Desembale julgamentos, 61

Sofrimento, 9, 62, 72, 90, 95, 115, 124, 132, 133, 134, 139, 140, 158, 160, 161, 162, 167, 192

Sono, 16

T

Tao Te Ching, 106

Terapia Cognitiva Baseada em Mindfulness (MBCT), 10, 23

Tolle, Eckhart, 79, 136

Tonglen (prática tibetana), 133

V

Valores, 61, 68, 104, 121, 158, 192

W

Watts, Alan, 26

Wu-Men, 150

Primeira edição (abril/2022)
Papel Pólen Soft 70g
Tipografias Rustica e Bona Nova
Gráfica LIS